아들에게
보내는
인생 편지

아들에게 보내는 인생 편지

1쇄 발행   2020년 1월 10일
2쇄 발행   2020년 8월 10일

지은이   스테르담
펴낸곳   다른상상

등록번호   제399-2018-000014호
전화   031)840-5964
팩스   031)842-5964
전자우편   darunsangsang@naver.com

ISBN 979-11-90312-05-9 03190

이 도서의 국립중앙도서관 출판예정도서목록(CIP)은 서지정보유통지원시스템
홈페이지(http://seoji.nl.go.kr)와 국가자료종합목록 구축시스템(http://kolis-net.
nl.go.kr)에서 이용하실 수 있습니다. (CIP제어번호 : CIP2019050741)

독자 여러분의 책에 관한 아이디어나 원고 투고를 설레는 마음으로 기다리고 있습니다.
이메일로 간단한 개요와 취지, 연락처를 보내주세요. 독자님과 함께하겠습니다.

아들에게
보내는
인생 편지

스테르담 지음

다른
상상

나의 두 아들 원영, 재영,

그리고
아빠 없이 세상을 배워나가느라
고생했던 젊은 날의 나에게 전합니다.

막대한 유산보다 위대한 유산을
너에게 주고 싶다

아들아,

아빠는 너에게 무엇을 남겨줄 수 있을까?

가진 게 많지 않아 그리 고민할 만한 문제가 아니건만, 그래도 아빠는 너에게 무엇을 남겨주면 좋을지 계속해서 생각했어.

작금의 시대엔 너에게 건물 한 채 정도는 남겨 주고 싶은 마음이야. 시대는 변했고, 부(富)는 고착되어 눈에 보이지 않는 계급의 선이 그어져 있어. 그러니 건물 하나 정도는 물려주어야 좋은 아빠가 되는 세상임을 부정하진 못하겠다. 어쩌면 네가 사춘기나 목돈이 필요한 어느 즈음, 왜 아빠는 막대한 유산을 물려주지 않았을까 원망할지도 몰라. 솔직히 아빠도 많이 어려웠던 젊은 시절, 그런 철없는 생각을 했던 걸 고백해.

하지만 그런 불평을 하는 대신 내가 뭐라도 하나 쟁취하려 했던 그 시간들이 소중하단 걸 알았어.

물론, 선택의 여지가 없기도 했지만 가지지 않은 사람에겐 용기라는 게 생겨나. 그게 없으면 그저 주저앉아 있어야 해. 거기서 일어나느냐 앉아 있느냐는 오롯이 각자의 몫.

아빠의 아버지는 일찍 돌아가셨어. 그래서 아버지에게 물려받은 게 많지 않아. 대신 어머니에게 긍정적인 성격과 생각을 물려받았어. 용기가 필요했던 내게 그 긍정의 에너지는 너를 만나 부족함 없이 행복하게 살고 있는 지금을 만들어주었지.

나는 너에게 '막대한 유산'보다는 '위대한 유산'을 주고 싶단다.

금전적인 유산도 있겠지만 그것이 막대할지는 모르겠고, 상속세는 올라만 가니 큰 도움이 되지는 않을 거야. 그래서 난 너에게 물고기를 잡아주기보다는 물고기 잡는 법을 알려주려 해. 내가 없더라도

너의 삶을 강하고 멋지게 꾸려갈 수 있도록.

　그래서 아빠는 글을 쓰기 시작했어. 아빠가 너에게 물려주고 싶은 위대한 유산은 바로 아빠의 '생각'이거든. 아버지를 너무 일찍 잃어서, 아빠는 삶의 지혜를 많이 전해 듣지 못했어. 스스로 깨달아갔지만 늦은 감이 많더라고. 좀 더 일찍 알았더라면 좋았을 텐데 하는 아쉬움이 많이 몰려오더라.

　그래서 아빠는 나중에 결혼을 하고 가정을 이루게 되면 내 아이들에게 이러한 이야기를 많이 해줘야지 하고 결심했어. 아빠가 직접 부딪치면서 배워온 인생의 쓴맛과 단맛, 희로애락은 물론 왜, 무엇을 위해 살아야 하는지에 대해서도. 삶의 지혜를 얻기 위해서 세상과 사람을 바라보는 관점과 자세에 대해 깊이 생각해봐야 한다는 걸 알려 주고 싶었어.

아빠도 답은 잘 몰라. 어쩌면 답이 없을지도 모르고.

인간이라는 존재가 똑똑한 것 같지만, 우리가 어디에서 왔는지, 왜 살고 있고 무엇을 위해 살아가야 하는지, 그리고 죽으면 어떻게 되는지에 대해 명쾌한 답을 내놓은 사람은 없어. 그것은 우리를 만든 절대자만이 알고 있겠지.

그럼에도 우린 하나씩 알아나가야 해. 또 깨달아가야 하고. 우리 의 본질과 삶의 목적, 그리고 자신을 돌아보는 시간을 꼭 가져야 그 답에 조금이라도 다가갈 수 있거든. 답을 알아내지는 못하더라도, 최소한 스스로 답을 만들어갈 수 있기에.

아빠는 인문학에 기대 그 답을 찾아보려 해. 인문학은 말 그대로 사람을 공부하고 사색하는 학문으로, 몇 개의 학문으로 콕 집어 정의할 수는 없어. 다만, 아빠는 철학과 심리학을 바탕으로 접근해보려고 해.

물질적인 것들이 중시되면서 외면당했던 인문학이 요즘 다시 조명을 받고 있어. 자기 본연의 것을 잃고 앞만 보고 달려온 사람들이 결국 막다른 지점에 이르렀기 때문인 것 같아. 위기가 기회일 수 있

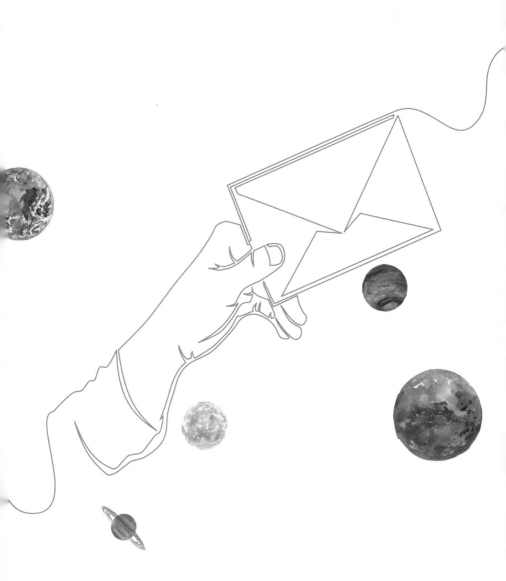

는 것처럼, 늦게나마 자신을 돌아볼 수 있게 된 것 같아 다행이라는 생각이 든다.

기술과 문화가 발달하면서 소비할 것이 참 많아졌지? 그런데 우리가 무엇을 위해 그것들을 만들고 소비하는지 진지하게 생각해본 적이 있니? 그 과정에서 우리는 우리가 왜 사는지, 무엇을 위해 사는지를 알아가고 어쩌면 행복이란 것을 만나게 될지도 몰라.

이러한 생각을 함께 나누고 물려줄 수 있는 네가 있어 참 고마워. 아빠가 되어 쓰는 인문학 편지는 아주 오랫동안 남게 될 거야. 아빠가 너의 아빠로 남아 있는 그날까지. 어쩌면 그 이후까지도.

<**1부**>

인생에 대하여

살아보니 인생은 ○○이더라
열심히 사는 것보다 중요한 세 가지

인생을 열심히 살아가던 어느 날. 문득, 이런 생각이 들었어.

'아, 나는 지금 무얼 위해 열심히 살고 있는 거지?'

어렸을 때부터 무언가를 열심히 하면 반드시 성공할 수 있다는 교육을 받아서였을까? 정작 무엇을 위해, 왜 열심히 해야 하는지는 생각해보지 못했던 거야.

'열심'이라는 말은 많이 들어봤지? 하는 일에 마음을 다해 힘쓴다는 뜻이야. 물론, 어떠한 일을 열심히 한다는 것은 아주 바람직한 일이야. 살아가는 데 필요한 역량이기도 하지. 실제로 진득하게, 꾸준하게 열심히 한다면 일이 잘되는 경우가 꽤 있거든. 여기서 '꽤' 있다는 말은, 안 되는 일도 있다는 거야.

아빠가 어렸을 땐 '하면 된다!'와 같이 열심히만 하면 바라는 일이 무조건 이루어진다는 이야기를 많이 들었어. 그래서 이루어지지 않은 일이 있을 때에는 나의 '열심'이 부족해서가 아닐까 자책도 많이 했지.

요즘은 안 되는 일이 많아.

아니, 어느 시대나 안 되는 일은 있었지만 예전에는 그것을 받아들이고 인정하는 것을 용납하지 않았던 거야.

우리나라는 한국전쟁 이후로 성장에 성장을 거듭해왔어. 그러다 보니 '개천에서 용 난다'라는 말이 나올 정도로, 열심히 실력을 갈고 닦으면 누구나 성공할 수 있는 기틀이 마련되어 있었어. 노력만 하면 자동으로 위로 올라가는 에스컬레이터에 탈 수 있었지. 위로 올라가기 위해 뭐라도 열심히 해야 했어. 목적도 모른 채, 왜 하는지도 모른 채. 그냥 열심히 살면 두 손에 무언가가 쥐어지던 때였으니까.

그래서일까. 그 성장의 시대를 겪은 세대는, 요즘 세대를 일컬어 열정과 의지, 끈기가 없다고 말하곤 해. 사람들을 자동으로 높은 곳까지 실어 나르던 에스컬레이터는 이미 멈췄는데도 말이야.

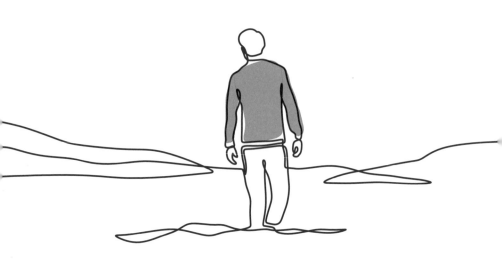

1980년대 일반 회사원 과장급 월급은 50만 원(단순 연봉 600만 원). 서울의 아파트 한 채 값은 약 1,200만 원이었어. 그럼 월급을 받아 한 푼도 쓰지 않고 모으면 2년 후에는 아파트를 살 수 있었겠다, 그렇지?

지금은 어떨까? 2018년 기준 임금근로자 월평균 소득은 300만 원이 조금 넘어. 단순 연봉으로 계산하면 3,600만 원 정도지. 참고로 서울 아파트 평균값은 약 8억 원(한국감정원 조사 기준). 이제는 숨만 쉬면서 23년을 버텨야 서울에 있는 아파트 한 채를 손에 넣을 수 있다는 이야기야.

과연 이전 세대가 젊은 세대에게 '나 때는 열심히 일해서 몇 년만 아껴 쓰고 저축하면 아파트 한 채를 샀어. 네가 집을 마련하지 못하는 건 끈기가 없고 절약을 안 해서야'라고 말할 수 있을까? 아니, 시대가 변했어. 성장은 멈추고, 이미 부자인 사람은 더욱 부유해질 수 있지만, 그렇지 않은 사람은 부자가 되기 어려운 시대가 되었어. 이제 열심히 사는 것에 대해서 다시금 생각을 해봐야 해.

나는 열심히 사는 것보다 무엇을 위해 사는지가 더 중요하다고 생각해.

안 될 것을 뻔히 알게 되니, 보이지 않는 미래보다는 당장 누릴 수 있는 조그만한 행복을 추구하는 시대야. '티끌 모아 태산'이 아니라, '티끌 모아 티끌'인 지금, '욜로'라는 삶의 방식을 맞고 틀림으로 재단할 수 없는 게 현실인 거야. 앞으로 네가 살아갈 세상은 어떨까? 이런 경향이 심해지면 심해지지, 더 나아질 것 같지는 않아.

그래서 무조건 열심히 사는 것이 아니라, 무엇을 위해 살아야 하는지에 대해 이야기해보려 해.

첫째, 인생은 '방향'이란다

열심히 달리는 한 사람이 있어.

정말 열심히 달렸어. 자신의 온 힘을 다해, 영혼까지 끌어올려서 모든 근육을 쥐어짜며. 그런데 결승선은 반대편이었던 거야. 당연히 그에게는 아무런 보상도 주어지지 않았지.

이 사람의 모습이 아빠가 처음에 이야기한 무조건 열심히 살기만 하는 사람과 비슷하지 않을까. 결승선의 반대편으로 뛰고 나서는, 나는 열심히 했는데 왜 이런 결과가 나왔을까 하고 자책해봤자 무슨 소용일까.

　물론 모든 달리기가, 우리의 삶이 결승선만을 위한 건 아니야. 하지만 세상을 살다 보면 우리는 어떤 등수 안에 들어야 할 때가 있어. 그것이 꼭 누군가와의 경쟁에서가 아니라 자아실현을 위한 목표지점일 때도 있어. 중요한 건, 자신이 어디로 뛰고 있는지, 무엇을 향해 나아가고 있는지를 계속해서 생각해야 한다는 거야.

둘째, 인생은 '과정'이란다

　살다 보면 넘어질 때가 있어.

　시험에 떨어지거나, 원하지 않는 부서에 배치될 때처럼 목표를 달성하지 못하거나 원치 않는 상황에 맞닥뜨리면 우리는 좌절하지. 그런데 그 순간을 '끝'이라고 생각하면 우리는 결코 일어나지 못해. 꾸역꾸역 일어나 실망한 마음을 다잡고 다시 나아가야 하지. 그렇게 터벅터벅 걸으며 넘어졌던 순간을 돌아보면 의미를 찾을 수 있어. 내가 원한 일이 아직은 때가 아니었거나, 원하지 않는 일을 하면서 더 많이 배울 수 있었음을 알게 돼. 그것들이 모여 지금 내가 하고 싶은 일에 도움을 주고 있다는 것 또한 깨닫게 되지.

애초부터 넘어짐을 '과정'이라고 생각한다면 마음은 좀 더 편할 것이고, 앞을 내다보며 그 순간을 더 적극적으로 즐길 수 있을 거야. 시험에 떨어져본 사람만이 오답 노트를 만들 수 있고, 넘어져본 사람만이 다시 일어나는 법을 알게 되니까. 아마 다음 시험에는 비슷한 문제를 맞힐 수 있을 거고, 다음에 넘어졌을 때에는 더 빨리 일어날 수 있겠지.

그래, 이게 쉬운 일은 아니야. 그럼에도 지금 나에게 주어진 어려운 문제와 사고들이 원하는 일을 하기 위해 헤쳐나가야 하는 과정이라고 생각하면, 덜 조급해할 수 있고 조금의 여유도 생겨나. 그리고 그 과정 속에는 나에게 필요한, 내 인생에 도움이 될 무궁무진한 '의미'가 숨어 있다는 사실을 다시금 깨닫게 된단다.

셋째, 인생에서 중요한 건 '어떻게'가 아니라 '왜'다

아빠가 다이어트를 혹독하게 했던 적이 있어.

직장에서 스트레스를 많이 받았던 것 같아. 마구 먹어댔지. 짧은 시간에 살이 20kg이나 쪘어. 그래서 다이어트에 도전하기로 했지. '어떻게 다이어트를 할까?' 생각한 끝에 고기도 안 먹어보고, 굶기도 해보고, 나가서 뛰어보기도 했지. 그런데 그게 잘 안되더라고. 먹고 싶은 걸 참다가 오히려 폭식을 일삼고, 운동은 귀찮아서 안 하게 되고. 그러니 살은 빠지지 않고 오히려 자책만 늘어났어.

그러다가 '왜 다이어트를 할까?'를 생각해봤어. 첫째는 건강을 위해서. 급격하게 살이 찌니 숨쉬기가 어려웠고, 그런 스스로를 바라보며 겁이 났어. 둘째, 사회생활을 위해서. 스트레스로 굳은 얼굴, 비대한 몸과 헐떡이는 숨. 그 누구에게도 매력적이지 않았지. 사회생활을 하면서 사람들을 만날 때에는 '호감'이 매우 중요한 요소야. 사회생활을 잘해야 우리 가족이 먹고살 수도 있는 거고.

'왜?'라는 질문을 하고 답을 해봤더니, 더 굳은 다짐을 할 수 있었어. 자연스럽게 '어떻게' 할까를 다시 고민하게 되었고, 아빠는 그냥 달리기보다는 공을 가지고 하는 운동을 좋아한다는 걸 깨닫고는 스쿼시로 3개월 만에 20kg을 뺐던 거야. 그때 느꼈지. 아, 정말 '어떻게' 보다는 '왜'가 더 중요하구나. 어떤 일을 해야 하는 이유가 정의되면 방법은 저절로 찾아지는구나.

'왜'를 짚어보는 건 다이어트뿐만 아니라, 직장에서 누군가에게 업무를 요청할 때, 마음이 잡히지 않아 공부가 잘 되지 않을 때 등 나에게 닥친 문제를 찬찬히 받아들이고 해결할 때 큰 도움이 된단다.

'왜'라는 질문을 바탕으로 인간과 사회를 바라보는 학문이 인문학이야.

우리가 살아가야 할 방향을 고민하게 만들고, 지금 이 순간이 과정임을 느끼게 해주기도 하고. 왜 사는지, 우리의 마음은 어떤지, 사람이란 존재는 무엇인지 등을 생각해보게 하지. 답이 있는지 알 수 없지만, 그 답에 한 걸음 한 걸음 다가가려는 사람들의 모습은 경이롭기까지 해. 정답을 꽁꽁 숨겨 놓은 듯한 절대자에게 굴하지 않는 우리의 모습이 인문학에 고스란히 담겨 있는 거야.

인문학은 거창한 게 아니야. 우리의 마음을 들여다보고, 생활과 삶 그리고 행동과 생각을 돌아보는 그 자체가 바로 인문학이야.

아빠는 이 편지로 네가 인문학적 의미를 깨우쳐 삶의 지혜를 얻길 바라.

대신해줄 수 없는 너의 삶이기에. 그것이 너무나 소중하기에.

인생의 '방향'을 생각하고 '과정'을 즐기며, '왜'라는 질문을 자꾸 던지는 하루하루가 되길 바라고 바랄게.

내 인생을 섣불리 판단하지 말아라
다른 이의 인생은 하이라이트로 보인단다

마이클 조던의 하이라이트 영상

아빠가 어렸을 때 말이야.

좋아하는 스포츠 스타가 있었어. 지금 네가 열광하는 메시나 손흥민처럼. 바로 농구 황제 마이클 조던이란다. 자유투 라인에서 뛰어올라 덩크슛을 하던 모습은 내게 환희이자 충격이었어. 실제로 이후에 NBA에서 뛴 수많은 선수들이 그 모습을 보고 꿈을 키웠어. 혹자는 마이클 조던이 지구인이 아닌 외계인이 아닐까 하는 의문을 던지기도 했고, 어떤 영화에서는 실제로 그런 의구심을 모티브로 차용하기도 했을 정도야.

아빠가 어렸을 때에는 인터넷이 없어서, 뉴스 속 하이라이트 영상으로 마이클 조던을 접하곤 했어. 영상 내내 득점하는 장면이 이어졌지. 누구보다 빠르게 뛰고, 높이 날아오르고, 불가능해 보이는 슛을 성공시키고. 농구 황제라는 수식어가 입에서 절로 나왔어. 내가 뛴 것도 아닌데, 양손에 땀이 흥건할 정도로 몰입했던 기억이 나.

그러던 어느 날.

아빠는 마이클 조던이 속한 시카고 불스의 전체 경기 영상을 입수했어. 너무 설레서 전날 잠을 설치기까지 한 아빠는 두근대는 마음을 진정시키고 비디오테이프를 플레이어에 넣었어. 드디어 경기가 시작되었고, 아빠는 손이 땀으로 흠뻑 젖지는 않을까 긴장하면서 자리를 지켰지.

하지만 비디오테이프가 다 감겼을 때, 아빠의 손에 땀은 없었어. 그렇게 흥미진진하지는 않았던 거야. 전체적으로 긴박감과 역동성은 있었으나 단 하나, 아빠가 뉴스 하이라이트에서 봤던 마이클 조던은 거기에 없었어. 아빠는 마이클 조던이 뉴스 하이라이트에서 본 그 모습을 경기 내내 보여줄 거라고 기대했던 거야. 하지만 실제는 달랐

어. 마이클 조던도 슛을 골인시키지 못하기도 했고 공을 빼앗기기도 했으며 누군가의 수비에 막히기도 했어. 모든 슛을 날아올라서 덩크 슛으로 한 것도 아니고, 전매특허인 페이드 어웨이 슛이나 2단 점프 슛도 가뭄에 콩 나듯 나오더라고.

그 영상 속에 마이클 조던은 있었지만, 나의 영웅은 없었던 거야.

다른 이의 인생은 하이라이트와 같단다

나 빼고 다 잘나가는 세상.

나보다 많이 이루고, 더 많이 갖고, 더 행복한 사람들이 주위에 많다는 생각이 들면서 내 인생은 왜 이럴까 한탄했던 적이 많아. 아빠가 인생을 살다가 이렇게 힘들어했던 때를 돌아보면, 다른 이의 인생을 마이클 조던의 하이라이트 영상처럼 봤던 것 같아. 다른 사람이 가진 좋은 것과 내가 가지지 않은 것을 비교하곤 했으니 얼마나 힘들었겠니. 게다가 나는 혼자지만 내가 비교 대상으로 삼은 사람은 셀 수 없이 많았으니까.

그렇게 다른 이들의 삶은 하이라이트로만 보기 쉬워. 반대로 우리 스스로의 삶은 지루한 부분도 많은 전체 영상으로 느껴지고 말이야. 그러니 상대적으로 허탈할 수밖에. 멋있어 보이는 다른 이의 인생이 지루해 보이는 내 삶과 오버랩되며 자존감은 떨어지고 열정은 식게 되는 거야.

그러니 생각을 좀 더 넓힐 필요가 있단다. 반대로 생각해보면, 어쩌면 다른 사람들이 내 삶을 하이라이트로 볼 수도 있어. 분명 그렇겠지. 다른 사람에겐 내가 '남'이니까. 내가 어쩌다 비싼 소고기를 사 먹었거나, 돈을 차곡차곡 모아서 일 년에 단 한 번 여행 간 것을 SNS에 올렸다면 아마도 다른 사람들은 내가 매일을 그렇게 산다고 생각할 거야.

'SNS에는 불행이 없다'란 말이 괜히 생긴 게 아니란다.

내 삶의 하이라이트를 볼 줄 알아야 해

정신 바짝 차려야 해.

내가 남의 삶을 하이라이트로 보는 것과 같이, 다른 이들도 나의 삶을 그렇게 볼 수 있다는 것. 이 말은 다른 사람의 삶을 좋게 바라본다는 뜻도 있지만, 또 그저 쉽게 생각하는 경향이 있다는 의미이기도 해. 어떤 사람들은 아빠에게 작가가 되었으니 회사 그만둬도 되겠다고 쉽게 툭툭 말하곤 하거든. 남의 속사정이나 비전은 잘 모르면서 말이야. 그러니 다른 이의 삶을 하이라이트로 볼 땐 그 이면을 잘 살펴야 한단다.

또 하나 더 중요한 것.

내 삶의 하이라이트를 볼 줄 알아야 해. 자신의 삶은 길고 긴 롱테이크 장면처럼 지루해 보일지 모르지만, 순간순간 소중하고 의미 있는 클립 영상들이 있단다. 그것들은 분명 존재해. 다만 알아차리려는 노력이 부족할 뿐.

어느 조용한 밤 노트를 펼쳐, 기억하고 싶은 순간을 하나하나 써 내려가보는 건 어떨까. 아니면 잠자리에 누워 잠들기 전, 과거에 기분 좋았던 순간을 떠올려봐도 좋고. 그렇게 마음속에, 그 누구와 비교할 필요 없는 나만의 하이라이트 영상을 만들어보는 거야.

인생은 외국어다. 모든 사람이 그것을 잘못 발음한다.

—크리스토퍼 몰리

누군가의 인생을 쉽사리 생각하거나 판단하지 말자.

내 것이라면 더더욱.

부자가 되거나, 최소한 가난하지는 말아야 한다
돈에 대하여

"아빠, 저는 무슨 수저예요?"

네가 아빠에게 너는 무슨 수저인지 질문을 했을 때, 올 것이 왔구나 하는 생각을 했단다. 그때 아빠는 "우린 수저가 아니란다. 숨을 쉬는 사람이지"라고 대답했지. 현명한 대답같이 보일 수 있지만, 사실 너의 질문에 대한 대답을 보류한 것이기도 해. 바로 대답을 하면 그 어떠한 계급으로 너 자신을 규정할까 봐. 그래서 생각을 좀 정리하고는 이렇게 너에게 편지를 쓰고 있는 거야.

'수저'란, 사실 계급을 말한단다.

'계급'은 우리 문화에 아주 깊게 자리 잡고 있어. 양반과 노비처럼 사람을 상하로 나눈 계급은 우리 선조부터 내려온 문화거든. 물론 다른 나라에도 영주와 소작농, 노예제도, 귀족과 평민 등의 계급 문화는 있었어.

그런데 요즘 이야기하는 수저 계급은 앞서 말한 그것들과는 조금 다른 양상을 보인단다. 즉, 예전에는 계급이 혈통을 기준으로 나뉘었다면, 지금의 수저 계급은 경제력을 기준으로 나뉘는 거야. 이제는 옛날 왕의 자손인들 돈이 없으면 대접받지 못하는 세상이 되었지. 반대로 신분은 별 것 없어도 돈이 많으면 그 자체로 대우받는 시대가 되었어. 이건 자본주의 사회의 어쩔 수 없는 모습이라고 할 수 있어.

그런데 그 자본주의에는 문제가 있어.

부익부 빈익빈. 가진 사람은 더 많이 가지고, 없는 사람은 계속 없는 세상. 부의 양극화 현상이 점점 더 심해지고 있어. 세계 경제가 성장을 하던 시대엔 없는 사람들도 많은 기회를 가질 수 있었어. 하지만 지금은 앞서 얘기했듯이 더 이상 개천에서 용이 나지 않고 티끌을 모아도 티끌일 뿐인 시대야. 이런 시대를 살아가기 위해선 정신을 바짝 차려야 해.

가난에 대하여

아빠는 가난했단다.

그것은 매우 서러운 일이야. 하고 싶은 것을 하지 못하고, 먹고 싶은 것을 참아야 하는 것. 무엇보다 다른 사람들에겐 넓게 펼쳐진 기회라는 땅이 내겐 주어지지 않을 때 느끼는 박탈감은 상상 이상이야. 〈불안은 영혼을 잠식한다〉라는 영화가 있는데, 여기서 '불안'을 '가난'으로 바꾸어도 손색이 없을 정도야.

물론 어려운 상황에서도 꿈과 희망을 잃지 말고 열심히 그리고 잘 살아나가야겠지? 그렇게 해야 부자는 못 되더라도, 늪에 빠지듯 계속해서 가난에 허덕이지는 않을 수 있으니까.

아빠는 가난을 통해 아주 큰 걸 깨달았단다. 세상에 영원한 것은 없다고 하지만 단 하나, 가난은 영원할 수 있다는 것. 아주 소름끼치는 깨달음이었어. '가난은 나라님도 구제 못 한다' 라는 말이 괜히 있는 게 아니야.

아마 아빠가 아직까지도 찢어지게 가난했다면, 너를 만나지 못했을지도 몰라. 어렸을 땐 당연하게 생각했던, 어른이 되면 돈을 벌고 결혼을 하고 아이를 낳는다는 것. 그 당연한 것을 이루기 위해 얼마나 많은 노력과 수고, 그리고 어마어마한 돈이 필요한지 너도 곧 알게 될 거야.

가난은 예전엔 상대적인 거였어.

돈이 없어도 마음이라도 부자면 된다라는 정서가 있었거든. 그런데 지금은 그렇지 않아. 풍요와 빈곤이 머물던 자리에 뿌리까지 내려버린 시대. '곳간에서 인심 나온다'는 속담은 어느 정도 가진 자가 다른 사람에게 베풀 수 있다는 걸 잘 보여주지. 내가 배고픈데 남을 배려할 여유가 있을까? 솔직히 말해서 아빠는 그럴 자신이 없어.

부자의 조건과 계층 구조

한 은행의 금융지주 연구소가 발표한 《한국 부자 보고서》에서는 금융자산이 10억 원 이상인 사람을 부자로 꼽았어. 우리나라엔 24만 2,000명이 있고, 연평균 10%씩 늘고 있대. 우리나라 인구의 약 0.5%야. 이들이 소유한 금융자산은 552조로 한 명당 평균 금융자산은 약 22억 8,000만 원에 달해. 공식적으로 집계되지 않는 부를 가진 사람까지 고려하면, 우리나라엔 이 기준에 맞는 부자가 더 많을 거야.

그렇다면 그 다음 계층은 어떨까? 중산층의 절대적 기준은 없지만 OECD(경제협력개발기구)는 중위소득, 즉 전체 가구를 소득 순으로 줄 세웠을 때 한가운데에 있는 가구의 소득으로 가늠하곤 해. 소득이 중위소득의 50~150%인 가구를 중산층으로 분류하고, 50% 미만은 빈곤층, 150% 초과는 상류층으로 구분하는 거지.

재밌는 건 중산층의 기준을 소득에만 두지 않는 사람들도 있다는 거야. 프랑스의 퐁피두 전 대통령은 중산층은 소득 외에도 직접 즐기는 스포츠가 있어야 하고 다룰 줄 아는 악기가 있어야 한다고 했어. 영국의 옥스퍼드대학에서도 공정하게 경쟁할 것, 자신의 주장과 신

넘을 가질 것 등을 중산층의 조건으로 내걸었지. 물론, 이러한 것들 또한 경제적으로 뒷받침되어야 나올 수 있는 여유라는 걸 상기해야 한단다.

어떤 부자가 될 것인가?

태어나보니 건물주 자녀, 태어나보니 유명 자산가 또는 연예인의 아들딸.

우리는 보통 이런 사람을 '금수저' 또는 '다이아몬드 수저'라고 불러. 앞서 말한 경제력을 바탕으로 한 계급이지. 그 사람들은 대부분 막대한 자본을 바탕으로 양질의 교육을 받고, 좋은 학교에 들어가지. 그리고 더 많은 기회를 얻어 좋은 직장을 가지거나 자본을 바탕으로 사업을 펼칠 수 있어. 서울대 입학생 과반수가 서울 강남권 출신이라는 사실이 이러한 현실을 적나라하게 보여주지.

그러니 우리는 가난하지 말고 부자가 되어야 한단다. 아빠가 기를 쓰고 너에게 기회와 경험을 많이 가지게 해주려는 이유야. 하지만

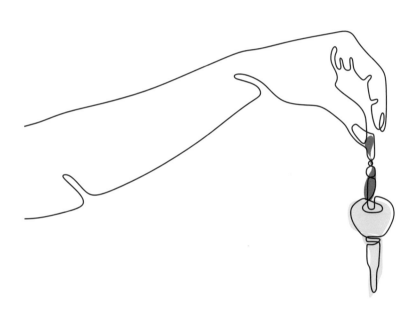

아빠가 말하는 부자는 단순히 소득이 많은 상태를 말하진 않아. 굳이 이야기하자면 아빠도 금수저 출신이 아니기에 스스로 노력해야 하는 부분이 많고, 평생 먹고살기 위해 하루하루 출근을 하고 있지. 하지만 그 노력 속에서 배울 것이 참 많다고 생각해. 아빠가 느끼는 보람이나 깨달음, 삶의 의미 등이 결국 아빠를 어떤 의미에서건 부자로 만들어줄 거라 믿어. 그리고 그 자산이 너에게 이어지길 바라지. 그게 바로 글을 쓰는 이유, 너에게 편지를 전하는 이유란다.

사과를 99개 가진 사람과 10개 가진 사람.

누가 봐도 99개를 가진 사람이 부자야. 그런데 99개를 가진 사람은 가지고 있는 99개에 만족하기보다 1개를 더 얻어 100개를 만들려는 마음이 커. 그렇게 아등바등하다 보면 자신이 이미 많은 것을 가졌다는 사실도 잊게 되지. 아빠는 네가 가진 것에 감사하고 미래를 향해 나아가는 과정을 즐기는 부자가 되었으면 좋겠어. 마음가짐이 그러하면 분명 다른 사람에게 베풀 수 있는 마음의 여유도 가질 수 있을 거야.

행복은 돈으로 살 수 없단다. 하지만 이런 말도 있어.

행복을 돈으로 살 수 없다고 생각한다면, 그만큼의 돈이 없는 건 아닌가 되돌아봐야 한다.

기본적인 소득, 먹고살 수 있는 기반이 마련되어야 사람은 앞으로 나아갈 수 있다는 걸 잊지 않았으면 해.

마지막으로, 아빠가 말하고 싶은 가난의 의미를 잘 표현한 유명한 말이 있어 옮겨 적어볼게. 소득 수준으로만 가난을 재단할 수 없다는 걸, 금세 알아차리게 될 거야.

세상에서 가장 함께 일하기 힘든 사람은 가난한 사람이다.
자유를 주면 함정이라 하고
작은 비즈니스를 하자고 하면 돈을 별로 못 벌어 싫다 하고
큰 비즈니스를 하자고 하면 돈이 없다고 한다.

새로운 일을 시도하자고 하면 경험이 없다고 하고
전통적인 비즈니스를 하자고 하면 어렵다고 하고
새로운 비즈니스 모델이라고 하면 다단계라고 하고

상점을 같이 운영하자고 하면 자유가 없다고 하고

새로운 사업을 시작하자고 하면 전문가가 없다고 한다.

그들에게는 공통점이 있다.

구글이나 포털에 물어보기를 좋아하고

희망이 없는 친구들에게 의견 듣는 것을 좋아하고

대학교 교수보다 많은 생각을 하지만 장님보다 더 적은 일을 한다.

그들에게 물어보라.

무엇을 할 수 있는지.

그들은 대답할 수 없다.

내 결론은 이렇다.

당신의 심장이 빨리 뛰는 것보다 행동을 더 빨리하고

그것에 대해서 생각해보는 대신 무언가를 그냥 하라.

가난한 사람들은

공통적인 한 가지 행동 때문에 실패한다.

그들의 인생은 기다리다가 끝이 난다.

그렇다면 현재 자신에게 물어보라.

당신은 가난한 사람인가?

―알리바바 마윈, 〈가난한 사람과 일하지 마라〉

부자가 되어야 한단다.

최소한, 가난하지는 말아야 하고.

결혼은 또 다른 연애의 시작이 되어야 한다
결혼에 대하여

연애의 끝은 결혼일까?

어렸을 땐 당연하다 여긴 것들이 많단다.

어른이 되면 돈을 벌고, 결혼을 하고 아이들을 낳을 거라는 생각. 하지만 나이가 들어가며 그것들을 이루기 위해 얼마나 많은 고통과 노력 그리고 인내와 절실함이 필요한지를 알게 돼.

특히 그중에서 '결혼'은 어쩌면 가장 어려운 일인 것 같아. 결혼이란 서로 조건이 맞는다고, 인연을 만났다고 해서 꼭 이루어지는 게 아니거든. 둘만의 만남을 넘어서 상대의 가족, 서로의 상황, 운명이 충돌

하는 것을 깨닫게 되면 결혼은 더 이상 로맨틱한 단어가 아니게 돼.

언젠가 너도 사랑하는 사람을 만나게 되겠지. 그리고 그 연애의 끝을 결혼으로 맺고 싶을 거야. 지금 이 순간이 영원하면 좋겠다는 생각, 사랑하는 사람을 놓치고 싶지 않다는 생각은 제도적 장치인 결혼을 떠올리게 하거든. 그래서 사람들은 연애의 결실, 즉 그 끝을 결혼이라고들 생각해.

하지만 결혼을 하고 마주하는 소스라치는 현실은 '결혼은 연애의 끝'이라는 생각을 부추기고 말아. 사랑하는 사람과 보냈던 달콤한 연

애 시절엔 전기요금 고지서 챙기기나 음식물 쓰레기 버리기 등 현실적인 상황들이 개입할 겨를이 없거든. 여기에 육아라는 복병, 성격 차이나 집안 간의 갈등 같은 종잡을 수 없는 변수들이 기다리고 있으니까.

그러한 것을 깨달았을 때가 실은 아주 중요한 시점이란다. 사랑하는 사람들은 그때부터 자신의 역할을 받아들여야 해. 뜨거운 연애를 했던 남녀는 이제 부부라는 역할을 수행해야 하고 경제생활을 해야 하며 집안일을 해야 하지. 그것은 남녀의 문제가 아니라 공통의 과제란다. 그리고 시간이 지나면 이제는 부모라는 타이틀을 거머쥐게 돼. 결혼 이후의 삶은 점점 더 많은 역할을 복합적으로 해내야 하는 쉽지 않은 여정이거든.

물론 그 여정에서 오는 즐거움과 감동은 일생일대의 것이야. 너를 이 세상에서 만났을 때, 아빠는 진정 어른이라는 굴레를 쓰게 되어도 좋다는 다짐을 했으니까. 온몸이 부서지더라도 우리 가족은 먹여 살려야겠다는, 무섭고 고독했지만 그 막중한 운명을 받아들였던 순간을 기억해.

로맨틱한 핑크빛 순간들은 그렇게 결혼과 함께 급격히 사라진단다.

결혼이란 무엇일까?

그렇다면 결혼은 왜 하는 걸까? 꼭 해야 하는 걸까?

예전엔 결혼을 당연히 해야 한다고 생각했어. 하지만 요즘은 시대가, 세상이 그리고 사람들의 생각이 바뀌었단다. 실제로 혼인율의 변화를 보면 알 수 있어. 우리나라 인구 1,000명당 혼인 건수는 2015년 1,000명당 38명에서 2019년 현재 1,000명당 19명으로 곤두박질쳤거든.

아마도 가장 큰 원인 중 하나는 경제 문제일거야. 같은 기간 우리나라의 경제성장률은 정체했고, 부의 편중과 고착화는 심해졌어. 더 이상 결혼과 육아는 사랑으로만 가능한 일이 아닌지 오래되었단다. 유럽의 선진국에서 동거와 결혼의 중간인 '파트너십' 제도가 활발한 이유도 이와 같아. 당장 결혼할 자금이 없으니 둘이 같이 살고, 둘의 명의로 대출을 받아 집을 사고 서로 일하며 같이 갚아 나가는 것이지. 즉, 결혼을 우선하기보다는 경제 문제를 해결하고 나서 여유가되면 그때 결혼을 하는 시대로 바뀌었어.

여기에 각자 개성 있게 자란 사람들의 커다란 가치관 차이도 결혼을 다시 생각하게 하는 이유 중 하나야. 옛날엔 '결혼식장에 손잡고 들어갈 때까지 모른다'는 말이 있었는데, 금세 '신혼여행 다녀올 때까지 모른다'로 바뀌었어. 요즘은? '2~3년 살아봐도 모른다'는 말이 생겼지. 실제로 요즘 결혼하는 사람들 중에는 혼인신고를 미루거나 하지 않는 사람들이 많아졌어.

이렇다 보니 아이를 낳는 것도 필수로 생각하지 않게 되면서, 2019년 우리나라 가임여성 1명당 출산율은 0.98명으로 최초로 1명 이하로 떨어졌지. 현재의 인구 규모를 유지하는 데 필요한 2.1명에 턱없이 모자란 상황이야. 위에 말한 경제 문제와 사람들의 관점 변화는 이렇게 급격한 변화를 만들어냈단다.

결혼, 또 다른 연애의 시작이 되어야 한단다

네가 결혼할 때가 되면 그땐 또 세상이 어떻게 변할지 모르겠어.

하지만 지금 아빠의 생각은 이렇단다. 결혼은 또 다른 연애의 시작이 되어야 해. 각자의 역할이 더해지더라도, 본질적인 부분은 잃지 말아야 해. 예를 들어, 엄마와 아빠는 남자와 여자로 만났으니 부부

나 부모이기 전에 이성으로서 역할을 유지해야 해. 서로 사랑한다 말하고, 보듬어주고, 아껴주고. 연애할 때만큼은 아니더라도 서로에게 남녀로서의 신비함과 매력은 가지고 있어야 하는 거지.

결혼이란, 사랑해서 하는 거지만 그 이후가 더 중요한 것 같아. 점점 더 사랑해가는 것. 즉, 또 다른 연애의 시작이 되어야 한단다. 아빠는 사랑스러운 엄마를 만나게 된 걸 너무나 감사히 생각해. 여자로서의 매력, 아내로서의 역할과 부모로서의 역할도 잘하고 있거든. 아빠도 그러려고 노력하고 있고. 서로가 그러한 걸 아니, 점점 더 사랑하게 되는 것 같아. 연애할 때보다 더 말이지.

결혼 전엔 이런 걸 전혀 알 수 없단다. 그저 보이는 겉모습과 이성으로서의 매력에 흠뻑 취해 있으니까. 하지만 로맨틱한 분위기의 순간들이 지나고 서로가 일상에서 보여주는 현실적인 모습이 아주 중요해. 그때 득달같이 알아차려야 한단다. 이 사람이 나에게, 내가 이 사람에게 평생 사랑과 도움을 줄 수 있을지를.

결혼에 대한 명언을 몇 개 들려줄게.

결혼해봐라. 당신은 후회할 것이다. 그러면 결혼하지 마라. 당신은 더욱 후회할 것이다.

—소크라테스

결혼이란, 단순히 만들어 놓은 행복의 요리를 먹는 것이 아니라 행복의 요리를 둘이 노력해서 만들어 먹는 것이다.

—피카이로

결혼은 단순히 하고 말고의 문제가 아니란다.

그것은 운명이자 우연이고, 우연이자 필연이야. 사랑하는 뜨거운 마음과 앞으로 감내해야 하는 현실을 맞이하는 차가운 머리, 그 둘이 만나 만들어내는 결과에 따라 결혼은 결정될 거야. 어느샌가, 나도 모르게.

결혼은 해도 후회, 안 해도 후회라는 말이 있지? 결혼만 하면 행복해지는 게 아니라, 서로 노력해야 행복을 만들 수 있다는 것. 그것을 깨닫는다면 너는 좀 더 나은 사랑의 결실을 맺게 될 거야.

결혼하고 말고를 떠나서!

잘 산다는 건 뭘까?
잘 사는 것에 대한 고민을 시작해야 할 때

아, 배불러

가만 돌이켜보면 허기를 느낀 적이 별로 없었던 것 같아. 주위엔 먹을 것이 넘쳐나고, 손가락을 조금만 움직이면 휴대폰으로 먹고 싶은 것들을 언제든 배달시킬 수도 있으니까. 하루 종일 배는 부풀어 있고, 배부르다는 말을 하면서도 무언가를 먹고 있는 나를 발견하지. 어떨 땐 점심을 먹으면서 저녁엔 뭘 먹을까 이야기하기도 하잖아.

배고픔을 해결한다는 건 정말 중요한 일이야.

아빠가 회사를 다니는 이유도 어떻게 보면 '먹고살기 위해서'거든. 열심히 일한 아빠의 시간과 노력은 월급으로 치환돼. 그리고 그 월급으로 우리 가족이 먹고사는 거지. 비가 오나 눈이 오나, 마음이 힘들고 몸이 고되어도 매일매일 출근하는 이유!

심리학에서도 이 부분을 매우 중요하게 생각해. 심리학자 매슬로는 인간의 욕구에는 위계가 있으며 낮은 단계의 욕구가 충족되어야 높은 단계의 욕구가 발현될 수 있다고 했어. 그 첫 단계가 바로 생리적 욕구야. 그 위로 안전의 욕구, 사회적 욕구, 존경의 욕구, 가장 높은 자리에 자아실현의 욕구가 자리하고 있어. 예를 들어 1차적인 생리적 욕구 중 '배고픔'을 해결하지 못한다면, 먹지 못해 걸을 힘조차 없는 사람이 자아실현으로 가는 과정을 모두 성취해낼 수 있을까?

잘 산다는 건 뭘까?

예전엔 누군가와 싸우고 나서 화가 가라앉지 않으면 상대방의 뒷머리에 대고 욕을 했어.

"자~알 먹고, 자~알 살아라!"

참 재밌지? 정말 잘 먹고 잘 살라는 말은 아니야. 저 혼자 잘났다는 상대방을 향해 비꼬면서 하는 말이거든. 그런데 재밌는 건, 요즘은 이런 말을 하는 사람이 거의 없어. 정말로 상대방이 잘 먹고 잘 살까 봐 그러나 봐. 여기엔 다음과 같은 의미가 숨어 있기도 해.

잘 먹는다=잘 산다

잘 먹는다고 다 잘 사는 건 아닐 거야. 하지만 잘 살기 위해서는 잘 먹는 것이 필요해. 먹는 것에 대한 걱정이 없다면 잘 살 가능성이 높지.

그런데 말이야. 아빠는 거의 배가 부른 상태지만, 정말로 내가 잘 살고 있는지는 잘 모르겠더라. 오히려 마음이 무척 공허할 때도 있고.

우리나라는 세계에서 잘 사는 나라의 축에 속해.

1인당 국민 소득은 3만 달러가 넘지. 1만 달러는 1994년에, 2만 달러는 2010년에 이미 넘었어. 세계 189개국 중 28번째로 1인당 국민 소득이 높아(출처: IMF. 전체 GDP 기준으로는 12위). 1인당 국민 소득 1만 달러를 넘어 3만 달러가 되기까지의 속도는 눈부시게 빨랐지. 아빠가 어렸을 땐 집 안에 화장실 있는 집이 많지 않았는데, 지금은 집 안에 화장실이 없다는 걸 상상조차 하기 어렵지? 갑자기 화장실 이야기는 왜 하나 싶겠지만, 아빠는 가끔 이걸로 시대의 변화를 느껴. 먹는 건 남아돌 정도로 풍족하고, 매년 우리나라 인구(약 5,200만 명)의 3분의 2가 해외여행을 다니고 있다는 걸 보면 정말 '잘 살고 있구나'라는 말이 절로 나와.

그런데 잘 먹고, 좋은 곳에 가는 것. 그게 잘 사는 것의 전부일까? 비싸고 유명한 식당에서 맛있는 것을 먹고, 해보지 못한 경험을 위해 해외여행을 가는 것. 그것만으론 뭔가 부족하다는 생각이 들어. 너에게 그런 것들을 해줬다고 해서 아빠가 할 도리를 다했다는 생각도 들지 않고 '잘 사는 게 뭘까?'를 자꾸 고민하게 돼. 더불어 '잘 살고 있는 걸까?'도.

배부른 돼지가 되기보다는 배고픈 인간이 되는 것이 낫고, 만족스러운 바보가 되기보다는 불만족스러운 소크라테스가 되는 것이 낫다.

—존 스튜어트 밀

많이 들어본 말이지? '배부른 돼지가 되기보단 배고픈 소크라테스가 되겠다'라는 말의 원문이야. 요즘은 배가 불러서인지(?) 이 말이 자꾸만 생각나더라고. 이 말을 한 사람은 존 스튜어트 밀이야. 질적 공리주의자로, 산업혁명 이후 자본주의 경제가 급속하게 발달하던 시점에 이러한 말을 했어.

질적 공리주의란 쾌락의 양보다 쾌락의 질을 중요하게 보는 입장이야. 이와 다른 생각을 가진 양적 공리주의자도 있었는데, 그들은 모든 쾌락은 질적으로 동일하기 때문에, 양이 많은 게 좋고 그러한 쾌락과 고통의 양을 측정할 수 있다고 봤어.

밀은 삶의 목적을 '행복'에 두었어. 다만, 행복을 위한 쾌락의 '양'만을 중시할 것이 아니라, '질'적인 차이도 고려해야 한다고 주장했지. 이를 바탕으로 나온 말이 바로 위에 있는 '배부른 돼지와 배고픈 소크라테스'야. 정도의 차이는 있지만 배고픔이 급속도로 해결되어 가던 시대와 지금의 고민이 크게 다르지 않아 보이지?

잘 사는 것에 대한 고민을 시작해야 할 때

배고플 때 맛있는 걸 먹는다면 우리는 행복을 느끼겠지? 하지만 배가 너무 부르면 이내 기분이 나빠질 거야. 더불어, 배가 부르다고 '나는 잘 살고 있다'라고 말하기도 힘들고.

한편 밀이 이야기한 것처럼, 고상한 쾌락을 위해 책을 읽거나 자기 계발을 하면 어떨까? 자아실현을 위해 한 걸음 나아가는 기회가 되긴 할 테지만, 공부할수록 그리고 무언가를 깨달아갈수록 우리의 생각과 고민은 더 많아지게 돼. 마냥 행복하지만은 않게 되는 거지. 어쩌면, '잘 사는 것'에 대한 답은 없는지 몰라. 여느 문제집 뒤에 있는 답안지와 같은 정답이 있으면 좋겠지만.

추운 겨울날 따뜻한 방바닥에 엎드려 좋아하는 만화책을 읽는 것. 그토록 찾던 깨달음을 어느 책의 한 글귀에서 마주하는 것. 육체적으로나 정신적으로 편안함과 즐거움을 느끼는 일이 자주 반복되는 것. 즉, 행복을 좀 더 자주 느끼는 게 '잘 사는 것'의 의미가 아닐까.

다만, 이것 또한 어느 정도의 경제력과 연관되어 있다는 걸 생각하면 100% 맞는 답인가 싶기도 해. 배고픔은 기본적으로 해결되어야 하고, 추운 겨울 따뜻한 방바닥이 있는 집이 있어야 하며, 책을 읽을 수 있는 시간적 여유도 갖춰져야 하니까. 잘 살기 위해서 필요한 것은 생각보다 참 많아. 그렇지?

그러니, 우리는 고민해야 해. 잘 사는 것은 무엇인지, 어떻게 잘 살 것인지. 그것들을 이루기 위한 나의 기준은 무엇인지. 최소한의 기반을 다지기 위해 내가 해야 할 일은 무엇인지. 후일, 나의 자녀들에게 '잘 산다는 것'에 대해 뭐라고 말해줄 것인지. 그래서 아빠도 고민 중이야. 정답은 아니어도, 그것에 가까운 건 무엇인지를. 그리고 그것을 너에게 어떻게 알려줘야 할지를. 한번 같이 고민해보지 않을래?

혜월 스님께선 '어떻게 잘 살아야 합니까?'라는 물음에 이렇게 말씀하셨어.

"남 괴롭히지 말어."

가족이든, 친구든, 동료든 간에 남을 힘들게 하거나 괴롭히지 않
는 것. 그게 '잘 사는 것'이라고 말씀하신 거야.

세상은 공평하지도 공정하지도 않아
마음 단단히 먹길 바란다

세상에 대한 불만이 커져갈 때

어른이 되어감을 느낄 땐 언제일까.

어렸을 때 쳐다보지도 않던 음식을 맛있게 먹을 때, 문득 어린 시절로 돌아가고 싶다는 생각이 드는 때일까. 그것도 맞는 말이지만 아빠가 가장 뼈저리게 어른이 되었다고 느낀 건 세상이 공평하지 않다는 걸 깨달았을 때였어. 더불어 학창시절에 배웠던 상식들이 지켜지지 않는 세상을 보았을 때에도. 횡단보도에 초록불이 켜지면 자동차는 반드시 설 줄 알았고, 쓰레기는 아무 데나 버려지지 않으며, 이

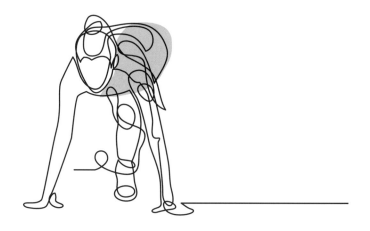

유 없이 누군가에게 피해를 주거나 새치기와 같은 비상식적인 일들은 일어나지 않는 세상인 줄 알았거든. 하지만 그런 일들은 비일비재했고, 나 역시 때로는 규칙을 어기며 살고 있었지. 평생 피터팬의 마음으로 살고 싶었는데, 어느새 언젠간 날 수 있다는 꿈을 저버린 것 같아.

그렇게, 세상에 대한 불만이 커진 만큼 아빠는 어른이 되어버린 거란다.

정의란 무엇인가

약 10년 전 하버드대학교의 한 교수가 쓴 책이 선풍적 인기를 끌었어. 책의 제목은 《정의란 무엇인가》였어. 다른 나라에서도 번역이 되었지만 유독 한국에서 돌풍을 일으켜 금세 100쇄 이상을 찍어냈어.

어쩌면 그때 우리는 '정의'에 목말라 있었는지 몰라. 가진 사람은 더 많이 갖고, 없는 사람은 더 많은 것을 포기해야 하는 시대. 가졌다는 이유로 다른 사람을 무시해도 된다는 착각에 빠진 갑질. '을'이었다가 '갑'이 되면 그토록 저항하던 갑의 행동을 그대로 행하는 사람들의 모순. 권력에 취해 온갖 부도덕한 일을 행해도 아무런 처벌을 받지 않는 사회 속에서 말이야. 평등, 형평, 공평, 공정이란 단어와 개념이 흐릿해진 세상, 점점 더 이렇게 변해가는 세상 속에서 사람들은 무의식적으로 '정의'라는 단어를 찾아 헤맸을 거야.

아빠는 위에 말한 네 단어가 유기적으로 어우러질 때 비로소 세상은 정의로워진다고 믿어. 서로 비슷한 말 같지만 그 의미는 상대적으로 또는 절대적으로 다를 수 있단다.

잠깐, 각각의 사전적 뜻을 한번 볼까?

평등: 권리, 의무, 자격 등이 차별 없이 고르고 한결같음.

형평: 균형이 맞음. 또는 그런 상태.

공정: 공평하고 올바름.

공평: 어느 쪽으로도 치우치지 않고 고름.

어때? 평소에 많이 들어본 말이지만, 그 의미가 같은 듯하면서도 다르고, 다른 듯하면서도 비슷해서 좀 혼란스럽지? 아빠도 그래. 그래도 굳이 그 관계를 살펴보자면 가장 아래의 '공평'에서부터 맨 위 '평등'으로 그 의미가 수렴되는 것이라고 생각해.

'공평'은 뭔가 산술적인 느낌이 강해. 각각의 상황을 고려하기보단 그저 모두에게 똑같이 나눈다는 느낌이랄까. 그에 비해 '공정'은 누군가의 판단이 개입된 윤리 또는 사상이 녹아 있어. 더불어 '출발선에서의 평등'과 같은 사회적 개념으로도 쓰이고. '형평'은 이를 일반화하여 좀 더 넓게 사용하는 개념이야. 때론 '상황에 맞도록 규칙을 유연하게 적용'한다는 의미로 쓰이기도 하고, 영국의 관습법에서 정형화된 사건이 아닌 경우에 왕에게 자비와 양심을 호소할 때 쓰는 개념이기도 해. '평등'은 앞의 세 가지를 포괄하는 개념이라고 볼 수 있어.

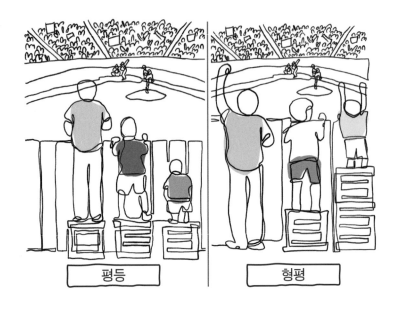

평등

형평

　하지만 이렇게 수직적으로 보지 말고, 유사성으로 본다면 아빠는 평등과 공평을 묶고, 형평과 공정을 묶을 거야. 이런 개념을 잘 나타 낸 그림을 잠시 볼까?

　자, 어때?

　왼쪽은 평등과 공평의 개념을 보여주는 그림이야. 오른쪽은 형 평과 공정의 개념을 보여주는 그림이고. 무조건 나누어 줄 것이냐, 상황을 고려하여 나누어 줄 것이냐의 차이가 있지. 하지만 이러한 판단은 쉽지 않아. 왼쪽 그림에서는 키가 가장 작은 사람이 불만을 가질 수 있고, 오른쪽 그림에서는 키가 가장 큰 사람이 불만을 가질 수 있지.

누군가 불만을 제기하는 순간, '정의'는 절대적 개념이 아닌 상대적 개념이 되면서 그 가치를 잃고는 연기와 같이 사라진단다.

세상은 절대 공평하지도 공정하지도 않아
그러니 마음 단단히 먹길!

하지만 현실은 이보다 더 혹독해.

그림을 한번 보렴. 이게 진짜 현실이야. 이 현실을 우리가 어쩔 수는 없단다. 자유 경쟁 사회, 자본주의 사회에서 이러한 현상은 인위적으로 조절할 수가 없어. 위에서 말한 대로 이 자체를 정의로 볼 수 있는지 없는지 헷갈리지만, 그렇다고 억지로 바로잡으려고 한다면 그 강제성은 '정의'의 의미를 오히려 퇴색시키고 말거든.

물론 '노블레스 오블리주'를 실천하며 이러한 차이를 줄이고자 노

적나라한 현실

력하는 사람들도 많아. 그럼에도 세상은 여전히 이 그림 속 모습과 크게 다르지 않단다. 참 씁쓸하게도.

　'수저 계급'이라는 말도 농담 삼아 많이들 하지만, 아빠는 그것이 현실에서 소스라치게 펄떡펄떡 살아 움직이는 생생한 개념이라고 생각해. 같은 출발선에서 출발하는 계급 각각의 모양새를 보면 세상 은 공평하지도 공정하지도 않다는 걸 바로 알 수 있을 거야.

　누군가의 불만이 하나라도 없을 수 없는 세상.

그러니 어쩌면 정의는 존재하지도 않고, 존재할 수도 없는 것이 아닐까. 앞서 말한 평등, 형평, 공정, 공평은 사실 상호보완적이지도 않고 동시에 이루어질 수 없으며, 극단적으로는 현실에 존재할 수 없는 개념일 수도 있다는 생각이 들어. 누구나 바라지만 다다르거나 절대 가볼 수 없는 곳, 유토피아처럼.

그렇다면 우리는 이러한 세상에서 무기력하게 살아가야 할까?

정답은 없단다. 사람들은 유토피아가 없다는 걸 알면서도, 그것을 갈구하며 살지. 우리가 정의롭지 않은, '공평하지도 공정하지도 않은 세상'에 대한 불만을 토로하는 데 그치는 게 아니라 나부터 조그만 것 하나라도 바꾸려고 노력하는 것이 희망의 실마리가 되어주지 않을까.

마음 단단히 먹길 바란다.

지금은 이 말밖에 해줄 수가 없구나.

노력은 배신을 덜 한다
세상이 너를 속일지라도

노력이 무시되는 사회

부정 입학, 부정 채용.

그런 뉴스를 볼 때마다 아빠는 네 앞에서 얼굴이 화끈거려. 초록 불엔 길을 건너고, 빨간 불엔 멈춰 서야 한다는 건 이미 유치원에서 배운 건데. 오히려 어른들은 빨간 불에 길을 건널 수 있다는 권력과 특권의식, 그렇게 남들보다 빨리 가겠다는 탐욕에 휩싸여 아주 기초적인 것을 잊어버리는 것 같아.

누군가 부정 입학을 하고 부정 채용이 되었다면, 다른 누군가는 붙어야 하는데도 떨어졌겠지? 억울하게 떨어진 사람들은 그 목표를 이루기 위해 많은 노력을 했을 텐데. 그리고 입학이나 입사를 할 수 있는 자격을 가졌을 텐데. 시험 날 아침 또는 면접장에 들어가기 전, 그들은 얼마나 긴장하고 떨었을까? 만족하진 못해도 후회가 없을 만큼 노력했다고 스스로를 위로하며 인생의 한 관문에 들어섰을 그들을 생각하면 아빠도 화가 나.

사람을 수저로 치환하고, 그것의 종류로 계급을 매기는 시대. 그리고 그 계급이 높다 착각하는 사람들의 특권의식과 부, 권력의 대물림은 그렇게 누군가의 노력을 무시해도 된다는 무시무시한 사회를 만들어가고 있어. '노력은 배신을 하지 않는다'라는 명제와 신념을 더 이상 절대적인 참으로 볼 수 없게 되었을 만큼.

노력에 대한 착각

하지만 부정이 판치는 시대를 살아간다고 해서 네가 가진 것, 혹은 가지지 못한 것을 모두 사회나 시대 탓으로 돌리는 우를 범해선

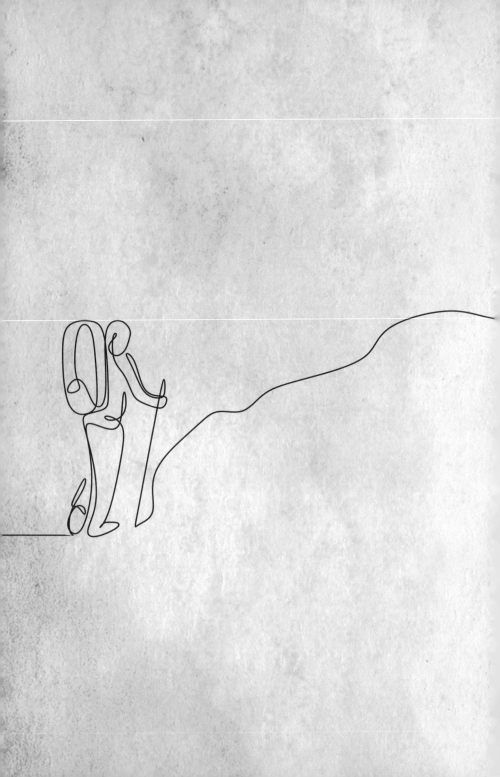

안된단다.

'노력'이 부족하면, '노오력'을 해야 하는 시대에, 나는 정말 노력했는지 스스로 돌아봤으면 해. 내가 원하는 걸 이 세상에서 이룬다는 건 그리 쉽지 않은 일이야. 짧은 인생이지만, 이것은 너도 이미 몸소 알고 있을 거라고 생각해.

무언가가 뜻대로 되지 않았을 땐 스스로에게 한번 물어보렴.

첫째, 노력했다고 착각하지는 않았나?

정말 냉정하게 돌아보자.

내가 한 것이 노력일까? 혹시 그것은 방향을 설정하지 않고 마구 차버린 공은 아닐까? 방향이나 목적, 목표 없는 노력은 그저 자신을 혹사하는 것밖에 되지 않아. 스스로를 괴롭히고, 자신을 열심히 채찍질했다는 데서 위안을 얻을 수 있을지는 몰라도 정작 내가 이루고 싶은 것에 다가가는 데에는 전혀 도움이 되지 않지. 혹사당한 몸, 헤진 마음은 이내 세상을 향한 불평의 외침으로 이어질 수도 있어. 불공평한 세상, 거지 같은 세상이라며 소리쳐봤자 자신의 목만 아프고 더러운 기분만 남을 뿐이야.

둘째, 남의 노력을 간과하지는 않았나?

사람은 본능적으로 패배를 쉽게 인정하지 않아.

그럴 수밖에 없었다며 스스로 합리화를 하거나, 결과를 부정하거나, 남의 탓으로 돌리기 일쑤지. 이런 일은 다른 사람의 노력을 평가절하할 때 일어나. 남도 나 못지않게, 아니 그보다 더 노력했을지도 모르는데 내가 한 노력만 생각하다 보니 편협하게 상황을 바라보게 되는 거지.

스스로 노력을 했다고 생각하는데, 원하는 결과를 얻지 못했을 땐 위 두 가지를 꼭 짚어보렴.

노력은 배신을 하지 않는다?
노력은 배신을 덜 한다!

솔직히 아빠도 너에게 이런 말을 할 자격이 있나 반성을 하게 돼.

아빠 또한 일이 맘대로 되지 않았던 때를 돌아보면, 노력했다고 착각할 때도 있었고 다른 이들의 노력은 간과한 경우도 많았거든. 때론 불공평하고 불합리한 장애물에 막혀 노력이 무산된 적도 있었고 말이야.

이런 경험을 하고 보니, 아빠도 너에게 '노력은 배신을 하지 않는다'라는 말을 하지는 못하겠어. 살아오면서 느끼고 겪은 것들을 종합해보니, 결국 '노력은 배신을 하지 않는다'에서 '노력은 배신을 덜 한다'는 쪽으로 생각이 기울더라. 내가 노력을 배신하기도 하고, 노력이 나를 배신하는 것을 목도하면서. 서로가 서로에게 절대적으로 신뢰할 수 있는 존재가 아님을 씁쓸하게 받아들이면서.

하지만 분명한 건, 노력하지 않으면 그러한 저울질이나 부대낌도 없다는 거야.

아무것도 하지 않으면 아무 일도 일어나지 않아. 편지를 쓰지 않으면 답장을 받을 일도 당연히 없는 것처럼. 노력을 할 때, 우리는 우리가 원하는 곳에 좀 더 가까이 갈 수 있고 불합리한 세상에 조금이라도 저항할 수 있어. 노력을 하는 이유, 노력의 방향, 목적과 목표를 분명히 해야 하는 것도 잊지 말고.

나 자신과 노력은 덜 배신하는 사이가 되어야 한단다. 배신당했다고 노여워하거나 울먹이지 말고, 그럴 수도 있는 사이임을 인정하면서.

<2부>
마음에 대하여

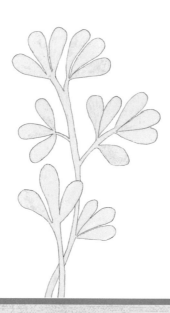

너의 마음을 바라봐주렴
지금, 마음의 날씨가 어때?

"그래서, 오늘 마음의 날씨가 어때?"

아빠가 네게 묻고 싶은 말이야. 네가 스스로에게 자주 물었으면 하는 말이기도 하고.

그래, 아빠는 너에게 오늘 무슨 일이 있었는지 구체적으로 묻기보다는 마음이 어떻게 흘러갔는지 묻고 싶어. 마음 자체를 표현하기가 쉽지 않겠지만, 날씨에 비유하면 조금은 더 쉬워져. 아빠의 질문에 네가 '오늘은 햇빛이 쨍쨍해요', '구름이 많아요'라고 대답했던 것처럼.

아빠가 일어난 일이 아닌 마음의 상태를 묻는 이유가 뭘까?

사람의 마음은 일어난 일에 반응해. 그리고 행동으로 이어지지. 그 행동이 모여 삶의 방향이나 살아가는 방식을 만들어가고.

학교에 너를 놀리는 애들이 있어서 싫다고 했을 때, 아빠는 "에이, 그런 거 신경 쓰지 마! 네가 아니면 된 거야!"라고 쉽게 말하곤 했어. 너의 마음은 알아주지도 않은 채. 내가 이렇게 말했을 때 너의 마음은 어땠을까? 다시 생각해보니 많이 미안하더라. 누군가 너를 놀렸을 때 마음이 어땠고, 어떤 기분이 들었으며 무슨 생각을 했는지를 먼저 들어줬어야 했는데.

누군가 나를 놀린다면 마음이 좋을 리 없겠지. 우선 기분이 나빠질 거야. 그러면 우리 몸은 분노 호르몬을 만들어내고 방어 태세를 갖춰. 아드레날린과 노르아드레날린, 두 호르몬이 신장 위에 있는 부신에서 만들어지는 거지. 그런데 재미있는 건, 두 호르몬은 기분이 좋아서 흥분될 때에도 나와. 네가 좋아하는 롤러코스터를 탔을 때처럼 말이야.

호르몬을 연구한 한 학자는 이 두 호르몬이 자연계에서 복어와 뱀의 독 다음으로 강력한 독성을 지녔다는 걸 밝혀냈어. 즉, 기분 좋을 때나 위기에 처했을 때에는 두 호르몬이 순간적으로 슈퍼히어로로 같은 힘을 낼 수 있게 해주지만, 분노로 가득 찼을 때에는 그것이 독성을 발휘해 폭력성을 부르고 스트레스를 야기해 몸의 면역력을 떨어뜨린다는 거야. 격렬히 화를 낸 다음엔 어때? 머리가 아프고, 심장이 두근거리고 식은땀이 흐르고, 심지어 호흡 곤란을 느끼기도 하잖아. 몸과 마음에 상당히 좋지 않지.

받아들이는 마음, 그 차이

아빠는 심리학을 공부했어.

사람의 마음에 관심이 많아. 그래서 놀림을 당했을 때 누군가는 대수롭지 않게 넘어가고 또 누군가는 큰 상처를 받는 이유가 뭘까 많이 궁금했어. 그 차이가 도대체 어디서 나올까?

쉽게 이야기하면 이건 '받아들이는 마음'에 따라 다르다고 할 수 있어. 누군가 놀림을 당해도 아무렇지 않은 건 '아무리 놀려봐라. 난 그런 거 신경 안 써!'라고 생각하기 때문이고, 큰 상처를 받는 건 '어떻게 나한테 그런 말을 할 수가 있지? 정말 내가 이상한 건가?'라고 걱

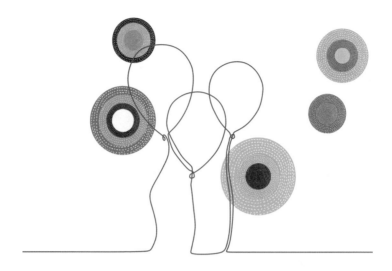

정을 하기 때문이지.

심리학은 그래서 세상을 받아들이는 과정 자체에도 관심을 기울여. 그 과정을 '지각 심리'와 '인지 심리'로 나누지. 여기서 '지각'은 '알아서 깨닫는 것, 감각 기관을 통해 외부의 사물을 인식하는 작용'을 말해. '인지'는 '어떠한 사실을 분명하게 인식하여 앎'이란 뜻이고. 심리학적으론 '심리 자극을 받아들이고 저장하며 인출하는 일련의 정신 과정'이라고 정의하기도 해.

의대생도 아닌데 지각 심리 시간에 왜 눈의 구조에 대해 배웠는지를 시간이 지난 뒤에야 깨닫게 되었어.

사람은 일어난 일, 상황에 대해 감각기관을 통해 정보를 입수하고[지각], 입수한 정보를 어떻게 처리할지를 의식적으로 혹은 무의식적으로 판단하게 돼[인지]. 그리고 사람에 따라 누군가는 놀림을 당해도 가만히 있고, 또 다른 누군가는 스트레스를 받거나 자기도 모르게 주먹을 날리게 되지.

어때? 같은 상황을 두고도 받아들이는 마음에 따라 반응이 무척 다르지? 그러니 어떠한 마음을 가지느냐에 따라 우리 행동은 달라질 수 있어. 스트레스를 덜 받을 수도 있고, 싸움을 하지 않을 수도 있는 거지.

마음은 어디에 있을까?

이렇게 중요한 '마음'은 과연 어디에 있는 걸까?

사람들에게 마음이 어디 있냐고 물으면 아마도 대부분은 가슴 쪽을 가리킬 거야. 심장이 있는 그곳 말이지. 예전 어느 드라마는 치매에 걸린 어머니가 마음이 아프다며 만병통치약으로 여겨지는 빨간

약을 가슴에 바르는 장면으로 전 국민을 눈물바다에 빠뜨린 적이 있어. 이 모습을 보면 우리 마음은 정말 심장 쪽에 있는 것 같아 보여, 그렇지? 철학자 아리스토텔레스도 같은 생각을 했어. 마음은 심장에 있다고.

하지만 의학의 아버지 히포크라테스는 마음이 '뇌'에 있다고 했지. 실제로 현대 의학에서는 우리가 받는 모든 자극이 오감을 통해 뇌로 전달되고, 뇌에서 신경 세포의 화학·전기적 반응을 통해 감정이 발생한다고 해석하고 있어.

어쨌든, 차이는 있지만 두 가지 생각 모두 몸과 마음은 개념적으로 분리되었다는 이원론에 기반을 두고 있다고 볼 수 있는 거야.

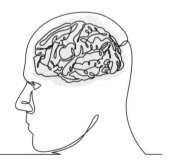

그렇게 보면 우리 마음은 심장과 뇌, 그 둘 다에 있는 것 아닐까?

사랑하는 사람을 떠나보낸 사람은 가슴 먹먹한 아픔을 느끼지만, 실제로 그 통증은 뇌의 신호로 전달된 거니까. 이별을 알아챈[지각] 사람은 이것이 아픈 상황임을 인지하게 되고, 뇌는 그에 맞는 호르몬을 분비시켜 몸이 반응을 하는 거야.

그래서일까. 근대 철학자인 데카르트는 '실체 이원론'을 주장했어. '실체'란 '그것이 존재하기 위해 다른 어떤 것에 의존하지 않고 독립적으로 존재하는 것'을 말해. 그는 '인간은 마음(정신)이라는 실체와 육체라는 실체가 함께 공존하는 독특한 존재'라고 규정했어. 혼이 떠난다고 몸의 기능이 중지되는 것이 아니라, 운동을 중지하기 때문에 몸이 죽고, 그 결과 마음이 육체에서 떠난다고 봤거든.

마음 바라보기, 마음 챙기기

그래서 난, 오늘도 너에게 마음의 날씨를 물어.

네가 자신의 마음을 바라봤으면 좋겠거든. 내 마음이 어떤지, 나의 마음은 세상을 어떻게 받아들이는지. 무엇을 어떻게 보고, 그것이 나로 하여금 어떠한 마음과 감정 그리고 기분이 들게 하는지. 그래서 나는 어떻게 행동하고 반응하는지.

아빠는 그랬던 것 같아. 이리 치이고 저리 치이는 상황에 쉽게 분노하고, 화났을 땐 뭔가를 집어던지거나 소리를 지르고 욕을 하기도 했어. 하지만 그 방법이 다른 사람에게, 또 자신에게 상처를 준다면 좋은 방법이라고 할 수 없겠지. 분노나 화를 표출하는 게 살아가는 데 꼭 필요한 과정이긴 해. 그것을 제대로 풀지 않으면 마음의 병이 되고, 마음의 병은 육체의 병이 되니까. 하지만 그 방법이 다른 사람에게, 또 자신에게 상처를 준다면 좋은 방법이라고 할 수 없겠지.

'아, 내 마음은 이렇구나. 이럴 땐 이런 감정을 느끼는구나.'

이렇게 마음을 바라보니 감정을 표출하는 방식에 조금씩 변화가 생겼어. 아마도 그래서 글을 쓰기 시작한 것 같아. 무조건 화내기보다는 글을 쓰면서 내 마음을 살피고 그것을 보고 생각하면서 어떻게 반응할지 정리하는 여유를 갖게 된 거지. 스트레스를 받으면 글을 쓰게 되었고, 어쩌면 그래서 글을 많이 쓰고 있는 건지도 몰라. 어찌 되었건 분명한 건 스트레스가 클 때 이제는 화를 내기보단 글을 쓰기로 마음먹었다는 거야.

난 네 마음의 날씨가 항상 햇빛 쨍쨍하길 바라진 않아. 비도 오고, 번개도 치고, 태풍도 맞이할 테지만, 그 순간순간의 감정을 고스란히 느꼈으면 좋겠어. 다만, 그 마음을 바라보고 어떻게 반응할지, 무엇을 할지에 대해서는 차근차근 자신만의 방법을 찾아갔으면 해. 시행착오가 많을 거야. 내 마음이라는게, 내 감정이라는 게 내 마음대로 되지 않거든. 아이러니하게도.

그래서 말인데, 지금 마음의 날씨가 어때?

나를 사랑하는 데 누군가의 허락은 필요 없단다
세상에서 가장 소중한 존재는 나

한 아이가 있었어.

아마 초등학교 3학년 정도 되었을 거야. 그 아이는 책가방을 메고 여느 아이들과 같이 학교를 오갔지. 단 하나, 다른 아이들과 조금 다른 점은 어깨가 구부정하고 땅을 보고 걸었다는 것. 푹 숙인 고개와 처진 어깨는 그 아이가 얼마나 심적으로 왜소한지를 보여주었어. 넓게 펼쳐진 하늘을 바라보지 못하고, 보도블록의 모양새를 하나하나 살피던 그 아이.

그래, 그 아이는 바로 아빠였단다. 살다가 가끔 그때를 떠올려. 과거를 회상할 때마다 기억 속의 그 아이가 많이 가여워. 땅을 보고 걸었던 건 어쩌면 바닥으로 떨어진 자존감을 찾기 위해서였을까. 내성적이고 당당하지 못했던 그 아이는 아마도 떨고 있었던 것 같아. 단언컨대, 그 아이는 스스로를 사랑하는 법을 몰랐던 거야. 그래, 그게 가장 큰 이유였던 것이 분명해.

그때 아빠는 좀 혼란스러웠던 것 같아. 일찍 돌아가신 아버지, 자식을 먹여 살리기 위해 항상 밖에서 일하시던 어머니, 방황하던 누나. 홀로 남은 아이에게 '사랑'이라는 단어는 어쩌면 사치였을지도 몰라. 그보다는 본질적인 것에 더 관심을 가지게 되었지. 어린 나이였지만 아빠는 정체성에 대해 고민했던 것 같아. '나는 누구일까. 왜 태어났을까. 어떻게 살아나가야 할까'를 말이야.

하지만 어른들이 알려주는 걸 받아들이기에도 벅찰 나이에 혼자서 답을 알아낼 리가 없었지(사실, 어른들도 그 답은 알 수 없단다). 홀로 남은 아이는 그 어떤 가르침이나 앞날을 향한 어떤 안내도 받지 못했어. 자식을 위하는 어머니의 사랑은 본능적으로 느꼈지만, 아무래도 그 시절에 받아야 할 사랑의 양을 충분히 채우지 못한 건 사실이야. 또한, 내가 나를 사랑해야 한다는 것도 스스로 깨우치기 쉽지 않았지. 그 방법도 알지 못했고.

혼란과 무지로 인해, 그 아이는 그렇게 고개를 떨구고 걸었던

거야.

세상에서 가장 소중한 것은 가족도, 돈도, 꿈도 아닌 '자기 자신'이라는 것을 잊지 마.

왜 태어났는지는 모르지만 태어나면서 우리는 가장 먼저 자기 자신과 연을 맺는단다. 태어나서 아빠와 엄마를 가장 먼저 만난 것 같겠지만, 그렇지 않아. 너는 너와 가장 먼저 만났지. 그리고 삶의 마지막 순간까지 언제나 함께하는 것도 가족이나 친구가 아닌, 바로 너자신이란다. 그러니 너는 스스로를 소중히 여기고 사랑하는 법을 알아가야 해.

그게 참 쉽진 않단다. 우리는 신경증에 걸릴 만큼 혼란스러운 존재거든. 우리의 마음속에서는 본능과 이상, 할 수 있는 것과 하고 싶은 것이 오늘도 셀 수 없을 만큼 서로 부딪치고 아웅다웅해. 그 과정에서 나 자신의 볼 꼴, 못 볼 꼴을 다 보게 되지. 스스로가 가증스럽고 얄밉고 나 자신을 이겨먹는 또 다른 나에게 자괴감을 느낄 때도 있을 거야. 하지만 타인과 갈등을 겪으며 좀 더 성숙해지듯이 나 자신과의 갈등 속에서도 우리는 성장한단다. 내가 어떤 사람인지를 알기 위해서는 나와 끝없이 부딪쳐봐야 해.

무엇보다 '정체감'을 확립하려 노력해야 함을 잊지 마.

그것은 어떤 특성이나 역할의 집합이 아니라 '심리적 안녕감 (Psychological Well-Being)'의 개념이란다. 건전한 정체감은 육체적 편안함, 추구하는 것에 대한 확고함, 자신이 사랑하는 사람 또는 중요하다고 생각하는 사람들로부터 인정받을 수 있다는 내적 확신을 수반하는 것이야.

아빠가 너에게 사랑받는 자녀로서 정체성을 부여하고, 끝없이 인정하는 것도 그 때문이야. 아빠는 네가 너를 사랑할 수 있는, 자기애를 바탕으로 하는 자신감을 가질 수 있는 기반을 마련해주고 싶어. 인정과 사랑이 부족했던, 그래서 나를 사랑해야 한다는 걸 너무도 늦게 깨달아버린 가여운 아이를 떠올리면서 말이야.

하지만 아무리 엄마와 아빠가 그 토대를 마련해준다고 하더라도 결국 스스로를 사랑하는 것은 네 몫이란다. 앞서 말했듯이 네 자신과 정말 많이 갈등하며 시행착오를 거치게 될 거고, 내가 생각하는 나와 외부(사회)에서 인정하는 내가 달라서 혼란스럽고 자신감이 무너질 때도 있을 거야.

그럴 때마다 아빠는 너에게 스스로를 사랑해야 한다는 것을 계속해서 일깨워줄게. 그리고 그 토대도 마련해줄 거고. 하지만 자신을 사랑하는 건 스스로 해내야 할 일이란다. 자신을 사랑하는 데 누군가의 허락은 필요 없다는 걸 항상 기억하길 바라. 세상이 너희를 어떻게 보든, 타인이 너희에게 뭐라고 하든. 잠시 틀렸다고, 잠시 뒤처졌다고 주저앉아 자신을 원망하지 마. 살아가다 보면 세상 돌아가는 상황을 살피고, 남의 눈치를 봐야 할 때도 있어. 하지만 자신을 사랑하는 것만은 예외야. 누구의 눈치도 볼 필요가 없어.

사랑해야 한단다. 무조건, 스스로를.

그리고 항상 그 마음을 갖고 살아나가야 해.

인생에 정답은 없지만, 아빠가 정답이라고 믿는 몇 안 되는 것 중

하나란다.

　아빠가 좋아하는 명언 몇 가지를 소개할게. 마음에 와닿을 거야.
지금까지의 긴 이야기가 명료하게 정리될 거고.

　내가 나를 사랑하기 시작하면 세상도 나를 사랑하기 시작한다.

—혜민 스님

　나에 대한 자신감을 잃으면, 온 세상이 나의 적이 된다.

—랄프 왈도 에머슨

　낮은 자존감은 계속 브레이크를 밟으며 운전하는 것과 같다.

—맥스웰 말츠

삶은 나를 찾아가는 여행

"내가 내가 아니게 되면,

저는 어떻게 되는 건가요?"

길을 걷다 아빠는 귀를 의심했단다. 너의 질문에 아빠는 가던 길을 멈췄지. 그런 나를 물끄러미 바라보던 똘망똘망한 너의 눈빛이 잊히질 않아. 어떤 대답을 해주어야 할까 고민하며 당황하던 아빠의 모습도 함께. 내가 들은 이 질문, 실화인 건가? 아빠는 어른이 되어서, 그것도 나이를 꽤나 먹은 후에야 했던 고민인데…. '너는 벌써부터 인생에 대한 계획이 다 있는가 보구나!'

자아의 개념

아빠는 무엇보다 네가 '나'라는 존재를 인식하고 있다는 것이 기뻤어. 세상에서 가장 중요한 건, 가족도 돈도 아닌 바로 '너 자신'이라고 한 아빠의 말이 효과가 있던 걸까. '내가 내가 아니면 어떻게 될까'라는 질문은 '나'를 의식할 때 비로소 나올 수 있으니까.

사실, '나'를 정의하기란 쉽지 않아.

'나'는 한 마디로 정의될 수 없을뿐더러, 기껏 정의를 했는데 누군가 "그건 네가 아니야"라고 말한다면 혼돈이 올 수도 있거든. 프란츠 카프카의 소설 《변신》에서 벌레로 변한 주인공 그레고리 잠자는 '정신적인 나'와 '외형적인 나'를 상징해. 나는 여전히 나지만, 사람들은

나를 벌레로 보는 그 상황을 통해 우리에겐 두 가지 자아가 있다는 걸 카프카는 말하고 있거든.

철학에서는 '자아'를 어떻게 말하고 있을까? 철학자 데카르트는 '나는 생각한다. 고로 존재한다(Cogito Ergo Sum)'라고 말했어. 그는 자신이 오감으로 느끼는 모든 것이 혹시 왜곡된 무언가가 아닐까 의심을 했어. 하지만 모든 것이 허상이라도 한 가지 분명한 것은 그것을 의심하는 나 자신이며, '생각'하는 그 자체가 내 '존재'를 증명한다고 봤어.

그렇다면 심리학은? 가장 잘 알려진 개념은 바로 프로이트의 정신분석학에 나오는 자아의 개념이란다. 그는 1923년 이후 '심리적 구조론'을 정립했고 자아는 이드, 에고, 슈퍼에고로 이루어져 있다고 봤어. '이드'는 원초적 자아로 쾌락 원칙에 따라 움직이고, '슈퍼에고'는 이상주의를 지향하며 도덕, 윤리, 양심 등을 기반으로 하는 마음속 사법부 같은 존재야. 문제는 '에고'인데 에고는 이드와 슈퍼에고 사이에서 갈등을 중재해. 그런데 이게 만만치 않거든. 항상 갈등 상황에 놓이게 되지.

예를 들어, 다이어트를 하는데 밤늦게 라면을 끓여 먹고 싶을 때가 있어. 이드는 식욕에 기반해서 어서 먹으라고 부추기고, 슈퍼에고는 밤늦게 라면을 먹으면 건강에도 좋지 않고 무엇보다 다이어트에 실패하게 되면 자괴감에 빠질 수 있기 때문에 먹더라도 내일 먹으라고 안내하지. 자, 이제 공은 에고에게 넘어왔어. 쉽지 않은 선택이겠지?

과거의 나와 지금의 나는 같은 사람일까?

과거의 나와 지금의 나는 같은 사람일까?

쉬운 질문 같지만 육체적으로 보면 좀 다를 수 있어. 우리의 피부 세포는 1년에 3.6㎏이나 죽어서 떨어져나가고, 창자·허파·간 세포와 적혈구 등은 짧게는 2~3일, 길게는 5개월마다 새롭게 바뀌어. 그러니 과거의 나와 지금의 나는 육체적으론 분명 다르다고 할 수 있어.

하지만 그럼에도 왜 우리는 과거의 나와 지금의 나를 동일하게 여길까? 그건 바로 신경세포가 바뀌지 않기 때문이야. 그 신경세포로 우리는 생각이란 걸 하게 돼. 즉, 데카르트가 말했던 것처럼 나라는 존재를 보증하는 것이자, 과거의 나와 지금의 나를 동일시할 수

있게 하는 것이지.

　내가 나임을 인지하는 그 상태.

　그것을 우리는 결국 '나다움'이라고 할 수 있을 거야. 하지만 우리는 '나'를 완벽히 알 수 없어. 나도 모르는 내가 내 속엔 너무 많이 있거든. 그런 차원에서 아빠는 '자아는 여행'이라고 생각해. 매일은 나를 알아가는 과정이며 가장 가깝지만 동시에 가장 먼 곳으로 떠나야 하는 여행. 돌고 돌아 다시 원점으로 와야 하지만, 그 과정에서 나도 모르는 새로운 나를 마주하는 뜻깊은 여행.

　내가, 내가 아닌 그 순간은 아마도 우리의 정신이 중단되었을 때를 의미할 거야. 즉, 자아라는 여행을 더 이상 할 수 없을 때인 거지.

　'나다움'이란 건 결국, 매일 스스로를 알아차리고 또 다른 나를 의연하게 받아들일 수 있는 그 마음이 아닐까 싶어. 그러니 우리, 때론 우리 마음속으로 여행을 떠나자.

　또 다른 나를 만나고 받아들이는 진중하고도 흥미로운 여정을 기대하며!

왜 마음먹은 대로 실천하지 못할까?

마음을 먹다?!

마음은 먹을 수 없어.

그건 너도 잘 알 거야. 마음은 물리적이지 않지. 만질 수도, 요리할 수도 없고. 그런데 '마음을 먹는다'는 말을 자주 해. 그 의미는 당연히 알고 있을 테지? 단순히 무엇을 하겠다는 결심보다 더 큰 범주의 다짐이라는 것. 이 비유적인 표현은 대개 어떤 자극을 받았거나 지금 자신의 모습에 크게 만족하지 못할 때 사용하곤 해.

아빠는 마음을 자주 먹는단다. 마음먹은 대로였다면, 아빠는 오

늘 어학 공부를 1시간 하고, 평생 다이어트를 해야 하는 체질이니 밖으로 나가 적어도 30분은 뛰었어야 해. 글도 몇 편은 쓰고, 출판 준비 중인 잡지에 실을 원고도 수정했어야 해. 읽으려고 구석에 쌓아둔 책을 하나라도 집어 들고, 한 번 읽은 책을 복기하며 펜을 들어 노트에 한 자, 한 자 의미를 담아 눌러써야 했단다.

그런데 놀랍게도 (하지만 매일 있는 일이라 자연스럽게도) 마음먹은 일을 결국 하나도 하지 못했어. 오히려 자책하며 먹는 걸로 그 압박감을 회피하고, 글 소재를 적어둔 메모지는 글로 승화되지 못하고 그저 차곡차곡 쌓여가고만 있지. 기한이 다가오는 일들에 불안해하면서, 이러지도 저러지도 못하고 있는 못난 자신을 발견하곤 해.

마음을 먹었지만 아무것도 하지 않았을 때. 결국 가장 힘든 건 나 자신이란다. 자괴감이 생기고, 자신감마저 떨어져 사방에서 '슬럼프'의 기운이 스멀스멀 올라오지. 자신과의 싸움에서 항상 지는 나를 발견하며, 역설적으로 나 자신이 얼마나 강한지 깨닫는(?) 웃지 못할 상황에 놓이곤 해.

도대체, 왜?

날마다 스스로를 꾸짖으면서도 실천하지 않는 나 스스로를 돌아보기로 했어. 이 지긋지긋한 일은 왜 일어날까? 왜 나는 마음먹은 대로 실천하지 못할까? 어떻게 하면 이 악순환의 고리를 끊을 수 있을까?

첫째, 시간이 많다고 착각하지 마라

미래를 신뢰하지 마라. 죽은 과거는 묻어버려라. 그리고 살아 있는
현재에 행동하라.

—헨리 워즈워스 롱펠로

아빠는 이 말에 격하게 공감한단다. 특히 '미래를 신뢰하지 마라' 라는 말!

매주 금요일 저녁이면 아빠는 수많은 다짐을 해. '주말에 시간이 많으니 그동안 못했던 글쓰기, 운동, 너와 놀아주기, 독서, 어학 공부 등을 해야지'라고 마음을 먹어. 물리적으로 생각하면 48시간 훨씬 넘는 시간을 갖게 된 것이니 그런 생각을 할 만도 하지. 하지만 시간은 언제나 부족하단다. 48시간을 모두 내 마음대로 쓸 수 있는 것도 아니니까. 그건 정말 큰 착각이야. 잠자는 시간, 밥 먹는 시간, 집안일을 하는 시간 등은 간과한 거지. 그래서 결국 일요일 저녁이 되면 아무것도 해 놓은 게 없고, 월요일이 오는 게 두려워져. 시간이 많다는 착각을 하다가, 즉 미래를 신뢰하다 벌어진 일이야. 하루 이틀도 아니고, 수십 년을 살아오면서 그렇게 착각하고, 신뢰에 배신을 당하고는

이렇게 또 속고 있단다. 그러니 너는 시간이 많다고 착각하지도, 미래를 신뢰하지도 말았으면 해. 그저 현재에 충실하렴.

둘째, 지금의 감정이 나중에도 유효하리라 착각하지 마라

마음을 먹는 그 시점은 대개 감정적인 경우가 많아. 셀카를 찍었는데 얼굴이 크게 나왔다거나, 옷을 입었는데 배가 나왔다거나, 아니면 오랜만에 만난 사람이 무심코 던진 "살 좀 쪘네?"란 말을 들었을 때. 그런 말을 들으면 기분이 좋지 않잖아? 그러면 크게 마음을 먹곤해. 당장 다이어트를 결심하고, 저녁에는 공복에 뜀박질을 하겠다는 계획을 세우지.

하지만 감정은 유동적이야. 지금의 감정이 당장 오늘 저녁이 되면 운동복을 입고 나가 뛸 만큼 유효하지 않은 경우가 많아. 그 시점에는 또 그때의 감정이 존재한단다. 기분이 좋을 수도, 나쁠 수도 있고 갑자기 허기질 수도 있고 밖으로 나갈 수 없는 또 다른 감정이 생길 수 있는 거지.

조선 중기 학자인 이이는 '기미에 선악이 나뉜다'라는 말을 했어. 즉, 감정이 생겨난 후가 아닌, 그것이 생겨나는 순간이 중요함을 이야기한 거야. 순간순간 우리의 마음은 변하고 또 변해. 그러니 감정에 따라 쉬이 마음을 먹기보다는, 왜 그래야 하는지에 대해 먼저 스스로에게 묻고 감정에 덜 휘둘릴 때 다짐을 하는 것이 좋아.

셋째, 완벽하지 못할 거란 생각에 시작을 두려워하지 마라

누가 보면 아빠가 완벽주의자인 줄 알겠다. 하지만 좀 더 깊이 들여다보면 겁쟁이라는 말이 더 어울릴지 몰라. 결과를 두려워하지 않고 시작한 일도 있긴 하지만, 실천하지 못하고 뒤로 미루는 일이 더 많거든.

독일 보훔루르대학 생물심리학 교수 연구팀은 이를 '지연 행동'이라고 이름 붙였어. 그리곤 '지연 행동'을 하는 사람이 그렇지 않은 사람보다 감정을 관장하는 편도체가 큰 것을 발견했지. 편도체가 크다는 건, 그만큼 부정적인 결과를 가져올 가능성이 있다는 걸 크게 느낀다는 거야. 하고 싶은 마음은 있으면서도 흐지부지되진 않을까 하는 두려움에, 아예 그것을 시작조차 하지 않고 덮어버린다는 거지(아빠는 편도체가 좀 큰 것 같아).

아빠는 겁쟁이가 되려 할 때마다 화가 살바도르 달리의 말을 기억하려 노력한단다.

완벽을 두려워 마라. 어차피 완벽할 수 없을 테니.

넷째, 자신을 객관적으로 평가해라

아빠는 꾸준하지 못한 성품을 자주 반성해. 그리고 솔직히 감정적으로 많이 요동치기도 한단다. 스스로를 잘 아는 거지. 수십 년 동안 자신과 싸워오며 얻은 깨달음이기도 하고. 그런데 계획을 세울 때만큼은 그러한 자신을 잘 잊는 것 같아. 꾸준하게 정해진 대로 하지 못할 걸 알면서도 계획을 거대하게 세우고 말아. 그리고는 계획대로 하지 못하는 스스로를 꾸짖는 악순환을 반복해.

출장을 다녀왔던 날, 너와 함께 시간을 보내기로 했는데 결국 잠만 잤어. 그때 너에게 얼마나 미안했는지, 스스로가 또 얼마나 실망스러웠는지를 기억해. 만약 당연히 시차에 시달릴 것임을 인정하고 그 약속을 다음으로 미루었다면 미안하고 실망할 일은 일어나지 않았을 거야. 무언가를 할 때에는 항상 주관적인 의지와 동시에 객관적인 상황도 고려해야 한단다.

마지막으로, 작은 성취에 만족하렴

아마 아빠의 실천력 수준으론 일주일에 한 번만 조깅을 하더라도 스스로를 칭찬해야 할 거야. 아빠의 상황과 의지, 그리고 성향과 역량을 봤을 때 말이지. 그리고 나서 일주일에 두 번 조깅을 하면 더 기뻐하고 스스로를 칭찬해야 하겠지.

하지만 실상은 그렇지 못해. 그렇게 시작이라도 하고, 작은 성취에 만족하고 스스로를 북돋우면 되는데, 그럴 마음의 여유가 없는 거야. 작은 성취는 성취로 인정하지 않는 마음, 해내도 그리 기쁘지 않고, 작다는 점에 매몰되어 스스로를 또 더 큰 목표를 향해 몰아세운 결과야.

이렇게 스스로를 돌아보니, 아빠는 천하의 욕심쟁이 같구나. 모자란 역량, 유동적인 감정, 처한 상황은 고려하지 않고 한 번에 모든 것을 변화시키려는 마음이 열망이 아닌 탐욕이 되다 보니, 비난의 화살은 뾰족하게 갈리고 그것이 결국 아빠 스스로를 향하는 거야.

어쩌면 돌파구를 찾고 싶어서, 그리고 네가 아빠와 같은 실수를 덜 했으면 해서 이렇게 글을 쓰고 있는지 몰라. 아니, 분명 그래.

시간은 한정적이고 소중하다는 걸 명심하는 것, 감정의 요동을 인정하고 그것에 휘둘리지 않는 계획을 세우는 것, 완벽하지 않아도 된다는 마음가짐, 나 자신을 객관적으로 살피고 행동하는 것, 그리고 작은 것 하나라도 성취했을 때 그것에서 '의미'를 찾는 것. 생각해보면, 이 모든 발버둥은 스스로를 사랑하고자 하는 몸부림이야.

그러니 스스로를 믿고 조급해하지 말아야겠다는 생각이 들어. 더불어, 마음먹기 전에 나 스스로와 충분히 협의를 해야겠단 생각도 든단다. 언제나 나를 이겨왔던 또 다른 나 자신의 힘을 빌려보는 것도 방법일 테니 말이야.

사람을 사람답게 하는 마음
너를 보며 배운다

"아빠, 제 마음이 좀... 미안해요!"

너와 함께 운동을 할 때였지.

그래, 우리는 집 앞 산책로를 천천히 뛰고 있었어. 물이 흐르는 쪽 어느 작은 모퉁이에 할머니 한 분이 앉아 계셨고. 그 할머니는 보자기 위에 모두 팔아도 하루 일당이 나올까 의문이 드는 나물들을 늘어놓고 계셨지. 거동이 불편해 보이는 할머니는 아무도 쳐다보지 않는 나물들을 건사하며 허공을 바라보고 계셨던 기억이 나.

그때, 네가 할머니를 지나치며 했던 말.

"아빠, (할머니를 보니) 제 마음이 좀… (왠지 모르게) 미안해요!"

아빠는 그 순간을 잊을 수가 없단다.

할머니를 지나치며 순간적으로 느낀 그 감정이 아주 소중하고도 예쁜 마음이라고 생각했어. 그리곤 바로 맹자의 성선설을 떠올렸지. '성선설'은 '사람은 태어나면서부터 선한 존재'라는 이론이야. 맹자는 그 믿음을 기반으로 〈공손추〉에서 '측은지심'이라는 말을 사용했단다.

불쌍히 여기는 마음이 없는 것은 사람이 아니고, 부끄러운 마음이 없으면 사람이 아니며, 사양하는 마음이 없으면 사람이 아니며, 옳고 그름을 아는 마음이 없으면 사람이 아니다. '불쌍히 여기는 마음'은 어짊의 극치이고, 부끄러움을 아는 마음은 옳음의 극치이고, 사양하는 마음은 예절의 극치이고, 옳고 그름을 아는 마음은 지혜의 극치이다.

—《맹자》〈공손추〉에서

아빠는 다른 이의 어려움을 헤아릴 줄 알고, 또 도울 줄 아는 사람이 좋은 사람이라고 생각해.

지난주에 영화를 두 편 봤는데, 그 두 영화에서도 그런 내용이 나오더구나. 〈증인〉에서는 '당신은 좋은 사람입니까?'라는 질문을 통해 어려운 이를 돕는 이가 좋은 사람이라는 이야기를 했고, 〈사자〉에서는 세상을 떠난 아빠가 아들의 꿈에 나타나 누군가를 돕는 것이 삶의 의미라고 말했어.

그 영화를 보고 나서 네 이야기를 들었기 때문일까. 다른 이를 생각하는 마음이 있는 우리 아들은 참 좋은 사람이구나 생각했지.

세상이 너무도 각박해졌어.

누군가 길에 쓰러지거나 폭행을 당해도 당장 나서는 사람보다는 휴대폰으로 영상을 찍는 사람이 더 많은 시대야. 함부로 나섰다가 오히려 피해를 본 사람 이야기도 더러 들리고. 점점 나이가 들어가면서 접하는 뉴스들은 우리가 상상할 수 있는 것을 훨씬 넘어선단다. 측은지심이란 게 정말 있는 걸까? 성선설이 맞는 이론일까 하는 의심이 들 정도로. (참, 순자는 '성악설'을 주장하기도 했어)

생각해보니 아빠도 측은지심을 많이 잊은 것 같아. 그러니 나물 파는 할머니를 함께 보고서도 너와 같은 생각을 하지 못했을 거고. 고백하자면, 너의 마음이 예뻐 보이는 만큼 아빠는 부끄러웠단다.

'측은지심'은 누구에게 칭찬을 받고자 하는 마음이 아니야. 사람이라면 자연스럽게 드는 마음이야. 만약 어린아이가 막 우물에 빠질 것 같은 모습을 본다면 누구든 놀라고 구해야겠다는 생각을 하게 돼. 맹자는 그것을 '사람은 모두 남에게 차마 어쩌지 못하는 마음이 있다' 라고 표현했어. (그래서 잔혹한 짓을 한 사람에게는 짐승만도 못하다는 말을 쓰기도 해.)

그러나 누군가를 함부로 불쌍히 여기지는 마라

그런데 말이야.

조금은 다르게 생각해야 할 부분도 있다는 걸 말해주고 싶어. 그 할머니가 안돼 보이거나 불쌍해 보인다는 건 사실 우리 생각일 뿐이란다. 그분이 행복하지 못할 거라는 생각을 무의식중에 할 수도 있어. 하지만 그건 편파적이고도 오만한 생각일 수 있단다. 우리는 그 누구의 행복이나 불행에 개입할 수 없어. 행복은 온전히 각자의 것이거든.

어쩌면 그 할머니는 소일거리로 여가 시간을 보내고 계신 걸 수도 있어. 앞마당에 나물을 심었다가 먹고 남은 것이 아까워 나와 계신 걸 수도 있고. 산책을 하거나 뛰어가는 사람들을 보며 '사람 구경'을 하고 계신 걸 수도 있지. 건물 여러 채를 가진 어느 할아버지, 할머니께서 운동 삼아 폐지를 줍고 다니는 경우도 있는 것처럼.

그럼에도 불구하고, 자연스럽게 느낀 너의 측은지심은 소중하다 생각해. 그것을 느꼈던 그때의 그 마음을 오래도록 잊지 않았으면 좋겠구나. 어려움에 처한 사람을 도울 준비가 되어 있는 마음, 상대방의 상황을 공감하는 마음, 그것이 결국 스스로를 돕고 지켜낼 근간이라는 걸 언젠가는 깨닫게 될 거야. 아빠도 좀 더 노력할게. 세상살이가 팍팍해도 네가 느꼈던 그 마음을 나 역시 조금이라도 느껴볼 수 있도록.

너를 보며 배운다.
일깨워줘서 고마워.
있어줘서 고맙고.

<3부>

진리에 대하여

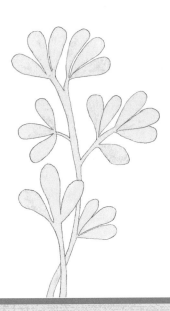

시간을 내서 살자, 시간 나는 만큼 살지 말고
시간을 내서라도 해야 하는 것들

전력을 다해 시간에 대항하라!

'전력을 다해 시간에 대항하라'라고 톨스토이가 말했어. 이만큼 시간에 대해 강렬한 명언이 또 있을까. 시간은 속절없단다. 그러니 우리는 열렬하게 대항해야 해. 그렇지 않으면 시간은 우리를 그저 짓밟고 지나갈 수도 있거든.

우리가 시간에 속절없이 당하는 경우는 대개, 시간이 나면 무엇을 해야겠다고 마음먹을 때인 것 같아. 바쁜 게 지나면, 좀 더 안정이 되면 해야겠다고 생각한 것들은 결코 실행하지 못한다는 걸 아빠는 살아오면서 깨달았어. 하지만 다짐을 저버린 스스로를 괴롭히고 자책하고 꾸짖으면서 일어나는 자신과의 갈등은 때론 삶의 중심을 흐트러뜨릴 정도로 강하단다. 그러니 시간 날 때가 아니라 시간을 내서 무언가를 하면서, 시간에 대항하는 삶을 살아가야 해.

시간을 내서라도 해야하는 것들

아빠의 삶을 돌아보며 뼈저리게 아쉬운 것들을 이야기해볼까 해.

아빠도 계획한 모든 것을 할 순 없단다. 하지만 잊지 않으려고 노력해. 그러다 보면 결국 시간을 내서 시간에 대항하는 자신을 발견할 수 있거든. 이길 수 없는 상대지만 그저 가만히 앉아서 당할 수만은 없으니까.

첫째, 독서

사람은 책을 만들고, 책은 사람을 만든다.

전해 내려오는 이야기들과, 나와 생각이 다른 사람들의 논리와 상상력은 시간과 공간을 초월하는 의미를 가져. 소크라테스도 "책을 많이 읽어라. 남이 고생하여 얻은 지식을 아주 쉽게 내 것으로 만들 수 있고, 그것으로 자기 발전을 이룰 수 있다"라고 말했거든. 그러니 독서는 시간에 대항하는 아주 좋은 방법이란다.

다행히 책과 친한 너라서 조금은 안심이 되는구나. 하지만 자만해서는 안 돼. 커갈수록, 나이가 들수록, 어른이 되면서 책과는 멀어지는 삶을 살게 되니까. 남는 시간에 책을 읽겠다는 생각은 버려야한단다. 절대 그런 시간은 오지 않아. 단호하게 '시간을 내서' 책과 함께해야 해. 남는 시간이 혹시나 생긴다고 한들, 책이 스스로 우리에게 다가오는 일은 절대 없어. 통학, 통근하는 시간이든 잠자리에 들기 바로 전이든, 나른한 주말 오후든 간에 우리가 먼저 책에 다가가

야 해. 시간이 나서가 아니라, 시간을 내서 독서를 한다면 우리는 책으로부터 많은 선물을 받게 될 거야.

둘째, 운동

주말마다 에너지를 주체하지 못할 정도로 발산하는 너.

잘 먹고, 잘 자고, 잘 뛰는 너를 보면 정말 뿌듯하단다(같이 시간을 보내야 하는 아빠가 체력적으로 좀 힘들긴 하지만). 땀 범벅이 된 네 모습이 얼마나 보기 좋은지.

하지만 운동도 독서와 마찬가지로, 네가 커갈수록 할 수 있는 시간이나 기회가 기대 이상으로 줄어들 거야. 사회생활을 하면서 정기적으로 운동을 하는 것은 정말 쉽지 않은 일이고. 말 그대로 시간을 내야 하는 일이란다.

그리고 또 하나. 어른의 운동은 생존을 위한 거야. 어렸을 땐 어른들의 운동이 시간, 마음, 금전의 여유에서 온 것처럼 보였어. 하지만 이제는 하루가 다르게 처지는 체력과 운동하지 않으면 이대로 생을 마감할 수도 있겠다는 불안감 때문이란 걸 아빠도 깨닫게 되었어.

아빠도 수십 년간 운동할 시간이 없다고 변명을 해온 게 사실이야. 하지만 도저히 안 되겠다 싶어 퇴근길을 걸어오거나, 출장지에서도 조깅을 하는 등 시간을 만들어 운동을 하고 있어. 땀을 흘리고, 걷고, 움직이고, 사지를 펴주어야 해. 그것을 통해 스트레스가 감소되고, 많은 영감이 떠오르는 것은 그 어떤 것으로도 대체할 수 없는 생각지 못한 선물이기도 하고.

셋째, 사색

요즘은 사색할 시간이 없는 시대야.

'팝콘 브레인(Popcorn Brain)'이라는 말이 이러한 시대를 잘 설명해준단다. 팝콘 브레인은 첨단 디지털 기기에 익숙해져서 뇌가 현실에 무감각해지거나 무기력해지는 현상을 말해. 즉각적인 반응이 나타나는 디지털 기기와 콘텐츠에 몰두하면서 생각 중추를 담당하는 회백질의 크기가 줄어든 것을 심리학자들이 MRI 영상 분석을 통해 증명해냈거든.

이런 현상이 심해지면 자아를 잃을 수 있단다. 바람에 나는 낙엽처럼 바람이 이리로 불면 이리로, 저리로 불면 저리로 중심 없이 날아다니는 삶을 살게 돼.

생각하며 살지 않으면, 사는 대로 생각하게 된다.

아빠는 이 섬뜩한(?) 명언을 좋아해. 마치 어느 미래에 팝콘 브레인이 나타날 거라고 예견하고, 미리 준비한 경고 같아. 유튜브에서 어떤 영상을 보면 그와 관련된 콘텐츠들이 끊임없이 연결돼. 그런 게 어떨 땐 좀 무서워. 고민하고 검색하고 선택할 틈 없이, 생각의 폭이 좁아지는 줄도 모르고 몰두하는 스스로를 어느 순간 발견하고 깜짝깜짝 놀라곤 해.

시간을 내서 '생각'을 해야 한단다. 아주 잠시라도 좋아. 하루에 5분이라도. 디지털 기기는 잠시 내려놓고 눈을 감거나, 먼 곳을 보면

서. 불안한 마음에 SNS 댓글을 보고 이메일을 확인하지 말고. 내가 있는 곳, '지금'에 집중하고 숨이 들어오고 나가는 것을 느껴야 해. 살아 있음을, 내가 여기 있음을. 그럴 때 우리는 과거와 미래를 가진 지금 이 순간의 온전한 존재가 될 수 있어.

인문학 고전을 많이 접해야 하는 이유는, 많은 사람들의 사색이 담겨 있기 때문이란다. 철저히 아날로그 시대였던 그때, 사람들은 내면에 집중을 많이 했으니까. 우리보다 더 깊이, 더 많이.

넷째, 생산 또는 생산을 위한 소비

시간을 어떻게든 내서 해야 하는 것 중엔 생산도 있어. 우리는 대개 태어나자마자 자연스럽게 소비를 하게 돼. 네가 먹고 보고 또 배우는 모든 것들은 누군가의 생산물이란다. 하지만 너도 언젠가부터는 생산을 해야 해. 소비만 하며 살면 '내 삶'이란 자부심이 옅어져. 살다가 방향을 잃을 수도 있지. 무언가를 생산해내는 사람들은 '자기 효능감'을 키워갈 수 있어. 누군가에게 영향을 미친다는 것은 대단한 일이거든.

그래서 아빠는 글을 쓴단다. 수십 년 동안 소비적으로 살다가, 무언가를 생산하고 싶어서 글쓰기를 시작했어. 나의 경험과 배움, 깨달음이 녹아 있는 글이 누군가에게 도움이 되길 바라면서. 글쓰기가 누구에게나 정답은 아닐 거야. 그러니 나는 무엇을 생산해낼까, 어떻게 다른 사람들에게 도움이 될 수 있을까를 고민해야 해. 무언가를 정했다면 시간을 내서 실천해야 하고.

그리고 소비를 하더라도 생산을 위한 소비를 하는 것이 좋아. 독서, 음악/영화 감상 등이 좋은 예겠지. 소비를 통해 생산을 위한 영감을 얻을 수 있으니.

이 외에도 시간을 내서 해야 하는 것들이 참으로 많아. 사랑을 표현하는 것, 고마운 마음을 전하는 것 등. 시간이 모자랄 수도 있어. 시간을 완벽하게 보내는 사람은 없을 거거든. 하지만 시간에 최대한 '대항'한다는 건 어쩌면 우리에게 주어진 과제이자 축복일 거야.

시간을 내서 살자.
시간 나는 만큼 살지 말고.

행복을 위해선 돈이 필요하단다
돈이 목적이 되고 욕구가 탐욕이 되지 않는 한

행복은 돈으로 살 수 없다?

'행복은 돈으로 살 수 없다'는 말은 오랜 시간 진리와 같이 전해져 내려왔어.

하지만 나이가 들어가면서 자꾸만 의문이 생겨. 돈으로 행복을 살 수 없다는 게, 혹여나 내가 그만큼의 돈이 없음을 스스로 위로하는 말은 아닐까 하고. 행복은 돈으로 살 수 없다는 말이, 행복이 그만큼 값어치가 나가거나 비싸다는 의미일 수도 있으니까.

결론부터 말하자면, 행복을 위해선 돈이 필요해, 정말로. 어제였을 거야. 개운하게 목욕탕을 나와 편의점에서 함께 바나나 우유와 얼큰한 라면을 먹었지. 너는 기분이 한껏 좋아 보였어. 기분이 어떠냐는 말에 엄지손가락을 치켜세우며 행복하다고 말했지. 아빠도 행복했단다. 목욕을 하고 난 뽀얀 얼굴로 정말 맛있게 우유와 라면을 먹는 너의 모습. 그런데 현실적으로 이 모든 건 돈이 있어서 가능해. 만약 네가 이런 행복을 간절히 원하는데 아빠에게 그럴 정도의 돈이 없다면 아빠는 아마 영혼이라도 팔았을 거야. 너에게 우유와 라면을 사줄 돈을 구하기 위해.

돈을 바라보는 새로운 관점

돈에 집착하는 사람을 보고 흔히 '물질적이다', '세속적이다'라고들 해. 정도의 차이지 돈에 관심을 조금이라도 갖지 않는 사람이 있을까 싶어. 지금 우리는 자본주의 사회와 물질문명의 한가운데에 살고 있으니까. 누군가에게 '당신은 돈을 너무 밝힌다'고 말하는 사람은 그저 그 사람보다는 돈을 덜 밝히는 것일 뿐, 그 누구도 돈에서 자유로운 사람은 없단다. 우리는 그걸 인정할 수밖에 없어.

어떤 사람들은 돈 때문에 가족을 버리기도 해. 누군가는 돈 때문에 상대방을 속이고, 다치게 하고. 그럴 때 사람들은 말해. "어떻게 돈 때문에 사람이 그럴 수 있어?"라고. 그런데 그게 정말로 돈 때문일까? 그건 돈의 본질을 몇 단계 건너뛴 표상일 뿐이야.

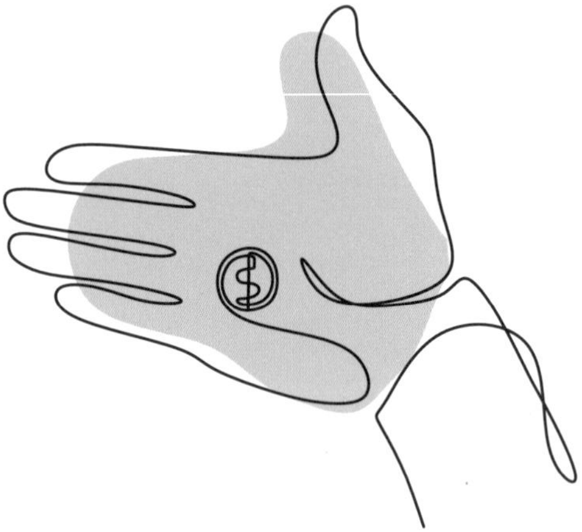

'돈'의 본질을 되새겨야 해. 돈은 '가치'란다. 원시시대 때부터 사람들은 가치를 교환해왔어. 물물 교환이지. 하지만 이게 꽤 번거로운 일이었기 때문에 내 것과 네 것의 가치를 객관적으로 측정해서 보다 효율적으로 교환하고자 한 것이 바로 돈의 본질이야. 즉, 가치를 위

한 '수단'인 거지.

가치는 상대적이란다. 예를 들어, 지금 당장 물의 가치는 그리 높지 않아. 정수기에서 받아 먹어도 되고 집 앞 편의점에서 사오면 천 원 안팎이지. 하지만 물이 고갈되어 극소수의 사람이 마실 수 있는 양만 세상에 존재한다면? 물값은 천정부지로 오르고, 물을 사기 위한 돈을 마련하려고 사투를 벌일 거야.

이렇게 우리는 가치라는 것을 한 번 더 쪼개어 볼 수 있어. 그 안엔 뭐가 있을까? 바로 사람의 '욕구'란다. 그러니 돈은 가치를 위한 수단이고, 가치는 사람의 욕구를 대변한다고 할 수 있어. 즉, 돈은 사람의 욕구를 실현시켜주는 중요한 수단인 거야.

그러니 그저 쉽게 '돈 때문에'라고 말하기보단, 돈으로 이루려 했던 그 사람의 욕구를 보고 현상의 본질을 파악해야 해.

우리는 어디로 가고 있을까?

심리학자 매슬로가 정리한 인간의 욕구 다섯 가지에 대해 말했지?

아마도 사람이라면 누구나 행복을 원할 거고, 그 행복을 위해 자아실현의 경지에 오르기를 바라고 또 바랄 거야. 하지만 그러기 위해선 생리적 욕구부터 해결해야 해. 여기서부터 우리는 돈이 필요하단다. 의식주를 해결해야 하니까. 돈이 행복의 기본이 된다고 볼 수 있는 중요한 단서 중 하나야.

하지만 주객이 전도될 때에는 비극이 일어나. 행복을 위한 욕구의 해결이 아닌 욕구 자체를 위한 욕구가 일어날 때, 가치 실현을 위한 수단인 돈이 가치 그 자체가 될 때, 우리는 방향을 잃고 우왕좌왕할 수밖에 없어. 사실, 이미 이 세상에서는 돈이 가치 그 자체가 되고, 욕구는 이기적인 탐욕으로 많이 변해 있단다. 자본주의와 물질문명은 그것을 막지 못했어. 오히려 주객이 전도되는 상황을 더 가속화시켰을 뿐.

그래서일까. 1897년, 그 옛날에도 화가 폴 고갱은 산업문명에 찌들지 않은 자연 상태의 인간, 인류의 본질을 찾아 남태평양 타히티 섬으로 들어가 아래의 세 질문을 던졌어.

우리는 어디에서 왔는가?

우리는 무엇인가?

우리는 어디로 가고 있는가?

아빠는 마지막 질문이 참 가슴에 남아.

과연 우리는 어디로 가고 있는 걸까? 돈을 벌고 욕구를 충족시키
고, 탐욕을 일삼고 돈에 얽매이면서…. 가져도 가져도 불안한 게 인
생인데, 그러다 인간성을 잃을 수도 있는데. 그 짐을 짊어지고 어디
로 가는 걸까?

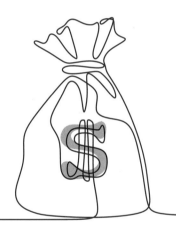

하지만 현실로 돌아오면 다시 돈은 행복을 위한 중요한 수단이란
걸 깨닫게 된단다. 그러한 고민을 하더라도 우선 먹고살아야 하니까.
우선 살고 봐야 그런 고민을 할 수 있으니까.

누군가 아빠에게 '돈 없이 불행할래, 돈 많으면서 불행할래?'라고 물으면 아빠는 당연히 후자를 선택할 거야. 최고급 슈퍼카에 앉아서 '돈이 다 무슨 소용이야'라고 투정을 부리고 싶거든. 어차피 불행할 거라면 돈이 많은 게 낫겠지.

우리가 가장 맞이하기 싫은 삶은 아마 돈도 없고 행복하지도 않은 삶일 거야. 그러고 싶지 않다면, 돈이 없더라도 마음이 행복할 수 있는 방법을 찾아야 해. 하지만 기본적인 욕구는 충족되어야, 그럴 만큼의 돈은 있어야 행복해질 가능성이 더 높다는 건 냉정한 현실이니만큼 잊지 말아야 하겠지?

돈은 추구해야 하는 게 맞단다.

그러면 좀 더 많은 가치를 얻을 수 있고, 욕구는 충족되며, 행복할 가능성이 높아져. 다만 한 가지, 돈 자체를 가치로 여기거나, 욕구가 탐욕이 되지 않도록 항상 주의해야 한단다. 가장 쉬운 방법은, 혹시 나의 욕구가 누군가에게 피해를 주지는 않는지 살펴보는 거야. 그래도 헷갈린다면, 폴 고갱의 세 가지 질문을 마음속으로 열 번 되새겨보렴. 분명 도움이 될 거야.

아무리 비싼 행복을 얻었더라도 내 마음이 불편하면 그건 행복이 아닌 불행이니까.

행복은 증명하는 것이 아니란다
행복하고 싶은 만큼 행복을 대접하자

SNS에는 불행이 없다!

무심코 열어본 SNS.

거기엔 나만 빼고 모두가 다 행복한 세상이 펼쳐져 있는 것 같아. 사람들은 날마다 맛있는 것을 먹고, 언제나 여행지에서 여유를 즐기지. 나의 삶은 고달픈데, 다른 사람들은 왜 이렇게 다 행복해 보이지?

'SNS에는 불행이 없다'는 말이 있어. 재미있는 건, 오늘 내가 아무 생각 없이 올린 사진 한 장을 두고도 다른 이는 나를 행복한 사람으로 규정해버리는 일이 비일비재하다는 거야. 그 사진을 올린 나는 누군가에게 언제나 맛있는 것을 먹고 좋은 곳을 가는 사람으로 인식되는 거지.

SNS가 나쁘다는 건 아니야. 행복한 순간을 간직하고 싶은 마음, 그래서 사진으로 찍거나 글로 남겨 공유하려는 건 사람의 본능이야. 아빠가 출장을 갔다가 너무 아름다운 풍경과 물 흐르는 소리를 듣고는 그 소리를 너에게 들려주려고 전화를 했던 것 기억하지? 아빠는 그 행복한 순간을 너와 함께 하고 싶었거든.

행복의 특징

행복은 '순간'이란 걸 잊지 말아야 한단다.

언제나 행복할 거란 기대는 하지 않는 게 좋아. 항상 행복하려는 노력은 부질없어. 행복은 워낙 순간이라 그것을 유지하거나 잡아둘 수 없거든. 그것을 놓치지 않으려 할 때 이미 행복은 손 안의 공기나 물같이 사라지고 없을 거야.

이 점을 유념하지 않으면 주객이 전도되는 일이 발생하고 말아.

소중한 순간을 남기려는 수단으로 시작한 SNS가 사람들에게 인정을 받고 '좋아요' 수나 '팔로어'를 늘리기 위한 목적이 돼버리는 순간 행복은 점점 더 멀어지고 말 거야. 행복한 순간을 이어가려는 욕심이 오히려 자신을 힘들게 하는 결과를 만들어낼 수 있다는 걸 명심했으면 해.

또 하나, 행복엔 '불안'이 따른단다.

아빠의 어렸을 때 꿈은 행복한 가정을 만드는 거였어. 그러던 어느 날, 바쁜 업무를 마치고 집에 왔는데 맛있는 저녁밥을 만들고 있는 엄마와 재잘대다 아빠에게 달려오는 너를 본 거야. 아, 정말 꿈에 그리던 모습이었어. 순간 울컥하고 눈물이 나올 것만 같았어. 그 순간이 너무나 행복했거든.

그런데 말이야. 그 행복한 마음은 순간 일었다가 이내 사라졌어. 그리고 갑자기 '혹시라도 내가 잘못해서 이 행복이 깨지면 어쩌지?', '이 행복한 순간을 유지할 수 있을까?'라는 생각으로 돌아왔어. 너무나 불안했어. 평생을 꿈꿔왔던 바람이 이뤄진 행복 속에서, 아빠는 그것을 만끽할 겨를도 없이 또다시 불안해진 거야.

사람들은 1등을 하면, 돈을 많이 벌면 행복해질 거라 믿어. 맞아, 거기에서 오는 성취감과 안정감은 분명 행복의 중요한 요소야. 하지만 1등을 유지할 수 있을까 하는 걱정, 더 가지지 못해서 오는 불안감은 행복엔 언제나 불안이 따른다는 걸 이야기해주고 있어.

그렇다면 행복이란 뭘까?

'호메오스타시스(homeostasis)'라는 말이 있어. homeo(same)과 stasis(to stay)의 합성어로 우리말로는 '항상성'이라고 해. 우리 몸의 내부 환경이 흐트러지려고 해도 그렇게 되지 않도록 조정하고, 또 실제로 흐트러져도 가급적 속히 원래 상태로 복귀하고자 하는 현상을 뜻하지. 심리학에선 이 용어를 '마음의 중심'을 뜻하는 말로 규정한단다. 아빠는 '행복'은 호메오스타시스 상태에 있는 것이라고 생각해. 예를 들어, 사람은 너무 배가 고파도 기분이 나쁘고, 너무 배가 불러도 기분이 별로거든. 맛있는 것을 적당히 먹었을 때 오는 안정감과 희열, 그 순간이 바로 행복의 지점인 거야. 하지만 현실적으로 그 순간을 딱 맞추거나, 그런 순간을 길게 늘리는 것은 쉽지 않지. 결국 앞서 말한 행복의 특징과 같은 것이라고 볼 수 있어.

아빠는 그래서 우리를 만든 절대자에게 불만이 많아. 마치 균형을 맞출 수 없는 시소를 우리에게 던져 주고는, 그 시소에서 중심을 맞추어 평형 상태에 도달하면 영원한 행복을 느끼게 해주겠단 약속을 무책임하게 한 것 같다는 느낌이 들거든. 시소의 양끝이 번갈아 위로 올라가는 사이 아주 잠깐 같은 높이에 있듯이 행복은 순간일 수밖에 없고, 살면서 그 균형을 맞추는 날보단 맞추지 못하는 날이 더 많으니까. 언젠가 절대자를 만나게 되면 꼭 따져 묻고 싶은 것 중 하나란다.

행복은 '증명하는 것'이 아니라 '느끼는 것'

어느새 우리는 행복을 '증명하는 것'이라고 생각하게 된 것 같아.

남이 인정해주고, 우러러봐주면 행복해질 거라는 착각 속에서 가진 것을 자랑하거나 누군가를 무시하기도 하지. 하지만 아빠가 살아오면서 절실하게 느낀 건, 행복은 '증명하는 것'이 아니라 '느끼는 것'이란 거야. '증명'은 객관성을 확보하는 일이지만, '느낌'은 주관적인 일이야. 즉, 행복은 상대적인 것이 아니라 절대적으로 주관적인 것이어야 해.

아빠가 앞에서 행복은 '순간'이라고 했지?

그 순간을 득달같이 알아차려야 해. 느껴야 해. 그리고 인정해야 해. 순식간에 지나가기 때문에 그것을 알아채지 못할지 몰라. 또 그것을 받아들일 마음의 준비가 되어 있지 않으면 이미 행복이 옆에 있어도 느끼지 못할 수 있거든. 더불어 내가 가진 것을 돌아보고 그것들을 행복이라 인정하는 것도 중요해. 그러면 우린 더 많은 행복을 느끼고 주워 담을 수 있단다.

행복은 추구하는 것이 아니라 허용하는 것이다.

행복의 비밀은 자신이 좋아하는 일을 하는 것이 아니라, 자신이 하는 일을 좋아하는 것이다.

행복은 깊이 느끼고 단순하게 즐기고, 자유롭게 생각하고 삶에 도전하고, 남에게 필요한 사람이 되는 능력에서 나온다.

남과 비교하면 행복은 멀어진다.

많은 이들은 자신의 행복이 오직 미래에만 있다고 생각한다.

불행한 것을 피하는 게 행복의 길은 아니다.

행복은 '순간'임을 깨닫고, 그것을 인위적으로 이어갈 수 없다는 것을 받아들이자. 그리고 그 순간을 득달같이 느끼고, 인정하며 만끽해. 주위 것들을 돌아보며 작은 것 하나, 조그만 실마리라도 행복으로 여기고 규정하고 받아들일 수 있어야 한다는 것을 잊지 않고 살아간다면 우리는 좀 더 웃을 일이 많아질 거야.

'대접받고 싶은 대로 상대를 대접하라'는 말이 있어. 우린 행복을 그렇게 대해야 해. 그러면 행복도 우리를 아주 소중히 여겨서 시간과 장소를 가리지 않고 찾아오지 않을까?

'행복한 피곤'을 추구하렴
어차피 피곤할 거라면 행복한 피곤으로

아, 피곤해!

나이가 들수록, 피곤을 업고 살아간단다.

머리가, 어깨가, 그리고 온몸이 무거워. 마음은 너덜너덜하고. 사는 것 자체도 쉽지 않은데, 학교나 직장, 그 밖의 사회에서 받는 스트레스는 가뜩이나 피곤한 우리의 몸과 마음을 더 지치게 만드는 것 같아. 아마 너도 나름의 지침과 고달픔이 있을 거야. 사람은 누구나 피곤하니까.

그러다 어느 날 문득 이런 생각을 했어. '왜 이렇게 피곤할까?' 그리고 나의 피곤을 돌아봤어. 과연 나의 피곤은 무엇으로 구성되어 있을까 하고.

나의 '피곤'은 무엇으로 이루어져 있을까?

참 재밌었어.

아침 일찍 일어나면서부터 피곤했던 나, 직장에서의 수많은 업무, 사람들과의 부대낌. 그리고 한 꺼풀을 더 벗겨 자세히 들여다봤지. 거기엔 직장에서 인정받으려는 욕구, 나의 이름을 지키려는 욕구가 있었어. 때로는 '더, 더, 더'를 외치고 욕심을 부려가면서까지 인정받으려 하고 살아남으려는 노력을 하는 자신. 그러니 당연히 피곤할 수밖에.

피곤의 원인이 퇴근과 함께 사라지지는 않았어. 아빠는 늦은 퇴근 후에도 그냥 잠자리에 드는 것이 많이 아쉽다는 생각을 해. 직장에서 돌아와 그냥 쓰러져 잠들면 나를 잃어버린다는 느낌이 들어서 내가 하고 싶은 일이나, 나 자신을 위한 일을 뭐라도 하고 싶었던 것 같아. 그래서 글을 쓰거나 책을 읽거나 TV를 보거나 어쨌든 뭐라도 했지. 그렇게 늦게 잠을 청하면 다음날 아침에 개운하기가 쉽지 않아. 그렇다고 아무것도 하지 않고 잠든다면 아마 다음 날 허무한 마음으로 스스로를 괴롭히며 또 다른 피곤함을 쌓아갈 거야.

이러나저러나 삶은 참 피곤한 것 같아.

어차피 피곤할 거,
행복한 피곤을 느꼈으면!

그런데 돌이켜보니, 피곤해도 기분 좋은 때가 있었다는 게 문득 떠올랐어.

고등학교 3학년 때였던 것 같아. 대입 시험을 앞두고 새벽 두 시쯤 독서실을 나서던 그때. 몸은 녹초가 되었는데, 밤하늘에 별이 보이더라. 그날따라 잘 풀렸던 어려운 문제들 때문이었을까? 스스로 대견하다는 생각도 했던 것 같아. 그렇게 맞이한 새벽 두 시의 고요함과 밤하늘은 내게 아주 큰 위로이자 행복이었어. 그리고는 그날,

몇 시간 되지 않았지만 아주 깊이, 말 그대로 꿀잠을 잤던 기억이 나. 다음 날 아침 일어나는 그 순간도 꽤 상쾌했고.

아빠는 그걸 '행복한 피곤'이라 칭하기로 했어. '피곤'은 그리 긍정적인 단어가 아니지만, 아빠는 정말로 그날 '행복하게' 피곤했거든. 보람찬 마음이 아마도 피곤함을 노곤함으로 느끼게 한 것 같아. 마치 목욕탕에 몸을 푹 담갔다가 나온 사람처럼 몸에 힘이 별로 없지만, 마음은 충만한 느낌.

요즘, 그 행복한 피곤을 다시 추구하며 아빠는 운동을 한단다. 한바탕 뛰고 땀을 흠뻑 흘리고 나면 스트레스도 많이 해소되고, 복잡했던 생각도 많이 정리되거든. 무엇보다 몸은 땀에 정직하게 반응해. 젖산이 축적되며 근육이 당기고 피곤해지거든. 하지만 운동을 했다는 만족감과 상쾌한 기분이 피곤함과 어우러져 노곤함이 되고 결과적으론 '행복한 피곤'을 느끼게 해주는 거야. 출장 후에 시차 적응으로 힘들고, 스트레스로 잠 못 들던 밤과는 비교할 수 없을 정도로 잠을 푹 잘 수 있어.

'피곤'은 몸으로만 느껴지는 건 아니란다.

몸은 물론, 정신, 정서 그리고 영혼으로까지 확장될 수 있어. 이 피곤을 풀 수 있는 건 결국 행복이라는 피로회복제가 아닐까? 너도 앞으로 '행복한 피곤'을 느낄 때가 많을 거야. 그랬으면 좋겠어. 보람 차게 하루를 보내고, 포근한 이불에 몸을 감싸고 하루를 돌아보면 오늘 내가 스스로 최선을 다했다는 안도감과 기분 좋은 노곤함을 느낄 수 있을 거야. 그 순간을 놓치지 않았으면 해.

꼭 무언가를 달성하거나, 어떤 큰일을 해내지 않았더라도 하루를 후회 없이 잘 살아낸 스스로를 인정하고 위로한다면 '행복한 피곤'을 매일 느낄 수도 있을 거야. 사람은 언제나 피곤하니까. 그리고 언제나 자신을 인정할 마음이 준비되어 있으니까.

살면서 죽음을 생각해야 하는 이유
우물쭈물하다 내 이럴 줄 알았지

'메멘토 모리', 죽음을 기억하라

라틴어로 '죽음을 기억하라'라는 말이 '메멘토 모리'야.

그 옛날 로마에서는 원정에서 승리를 거두고 개선하는 장군이 시가행진을 할 때 노예로 하여금 행렬 뒤에서 '메멘토 모리'라고 외치게 했단다. '전쟁에서 이겼다고 너무 우쭐대지 말라. 오늘은 개선장군이지만, 너 또한 언젠가 죽는다. 그러니 겸손하라'는 의미에서 생겨난 풍습이야.

그래, 이제 너도 알고 있겠지? 우리 모두는 언젠가 죽음을 맞이한다는 것을. 그렇다면 과연 우리는 살아가고 있는 걸까, 죽어가고 있는 걸까?

100세 시대라고들 하는데, 그럼 50세를 기준으로 1세부터 50세까지는 살아가는 거고 50세부터 100세까지는 죽어가는 거라고 봐야 할까? 정말로 우리가 딱 100년을 살고, 죽음을 맞이 하는 나이가 모두 같다면 그렇게 볼 수도 있을 거야. 하지만 우리가 왜 태어났는지 모르는 것처럼 언제 죽음을 맞이할지 그것 또한 아무도 몰라.

게다가 사람들은 삶에 대해서는 살면서 얻은 경험을 서로 나누며 어느 정도 답을 찾아가지만, 죽음에 대해서는 아무도 알지 못해. 죽은 자는 말이 없기에 그 누구도 우리에게 죽음 이후의 것들을 자세히 알려주지 않았거든. 아빠도 죽음 이후의 세상에 대한 이야기는 해줄 수가 없단다. 하지만 그 의미에 대해선 함께 이야기를 나눌 수 있지.

아무리 기고만장한 사람도 그 앞에 서면 어찌할 수 없는, 죽음의 의미에 대해서 말이야.

죽음과 우리

죽음은 절대적으로 보편적이지만 상대적으로 특수하단다.

좀 더 쉽게 이야기하자면, 사람은 누구나 죽는다는 걸 모르는 사람은 없지만, 자신 또는 주변 사람에게 죽음이 다가오면 크게 흔들리고 말아. 죽음이라는 필연을 알고 있었음에도, 시나브로 또는 급작스럽게 다가오는 상황에서 사람들은 마치 자신과 주위 사람은 영원히 살 수 있다고 믿었던 것처럼 반응하거든. 그래서 죽음은 우리에게 두렵고, 슬프고, 일어나지 않았으면 하는 일이란다.

그런데 재밌고도 놀라운 사실이 있어. 사실 '죽음'은 우리에게 매우 친숙한 것이기도 해. 무슨 말이냐고? 우리가 일상에서 흔히 말하는 다음의 표현들을 볼까?

내가 원하는 선물을 받으니 정말 좋아 죽겠다!

너와 사랑할 수 있다면 나는 죽어도 좋아!

그거 어땠어? 죽여주지?

배고파 죽겠다!

어때? 이만하면 우리는 죽음과 아주 친하게 지내고 있는 것 같지 않니? 실제로 심리학에선 죽음도 인간의 본성이자 욕구 그리고 충동이라고 설명해. 본능적으로 삶을 갈구하지만 또 본능적으로 죽음을 바라는 양가적 감정을 가지고 있다고 본 거야.

프로이트는 삶의 의지인 '에로스'와 죽음 충동인 '타나토스'를 동전의 양면과 같다고 했어. 너무나 좋고 행복할 때 죽음을 빗대어 이야기하는 우리의 모습이 그것을 증명한다고 볼 수 있지 않을까? 흥미로운 건 삶의 원동력인 성적 에너지 '리비도'에 집중하던 프로이트가 갑자기 죽음 본능인 타나토스에 골몰한 시점이야. 1920년 《쾌락 원

리의 저편》에서 처음 죽음 충동이라는 말을 사용했는데, 그때 프로이트는 60세가 훨씬 넘어 1차 세계대전을 겪었어. 나이 듦과 전쟁을 경험한 프로이트가 죽음에 대해 학구적 에너지를 쏟은 게 어쩌면 너무나 자연스러운 상황이었던 거지.

동전의 양면.

쾌락과 고통.

삶과 죽음.

죽음은 결국 우리와 아주 강력하게 연결되어 있어서 언제 어떤 순간에도 잊혀지지 않는 것 같아. 마치 작정이라도 한 듯이 말이야.

죽음의 의미

생명체가 생명을 가진 것 자체로 고귀할 수 있는 건 바로 죽음이 있기 때문이야. 죽음이 있기에 사는 동안의 시간이 의미를 가지는 거야. '유한'이라는 우주적 개념은 아주 많은 의미를 생성해내는 것 같아. 우리가 영원히 산다면 도대체 무엇이 어떤 의미를 가질까? 아빠는 세상이 아주 무기력하거나 반대로 매우 혼란스러워질 거라고 생각해. 아무런 의미도 없이.

'버킷 리스트(Bucket List)'라는 말을 들어봤을 거야.

죽기 전에 꼭 해보고 싶은 일들을 적은 목록 말이야. 이 말은 'kick the bucket', 즉 '죽다'라는 뜻의 영어 구어 표현에서 나왔어. 여기서 버킷(bucket)은 양동이를 의미하는데 중세 시대 교수형에 처할 때 사람을 양동이 위에 올라서게 한 후 목에 올가미를 두르고 양동이를 걷어찬 데서 유래했어. 동명의 영화로 인해 유명해진 이 말은 죽음과 무관하게 일상 속에서 자연스럽게 쓰이고 있어. 우리가 살면서 하는 후회의 대부분은 한 일 때문이 아니라 하지 않았거나 할 수 없었던 일 때문이라는 걸 깨닫게 해주는 좋은 개념인 것 같아.

죽음을 맞이해야 한다는 존재의 숙명을 감수하면서 꼭 해보고 싶은 일을 나만의 버킷 리스트에 담아보면 어떨까? 그것들을 실현해가는 과정이 어쩌면 영원히 사는 것보다 더 의미 있지 않을까? 가슴도 설레고 말이야.

죽음 앞에서 사람은 겸허해진다.

시간도 돈으로 살 수 있는 요즘 세상에서 아직까지 그 누구도 거스를 수 없는 마지막 한 가지, 그것이 바로 죽음이야. 그리고 그것을 생각하면, 지금 이 순간은 눈부시도록 빛이 날 거야. 그 겸허한 마음으로 사랑하는 사람들을 바라볼 때 우리는 좀 더 애틋해질 수 있단다. 사랑만 해도 모자랄 판국에 미워할 시간이 어디 있겠어?

마지막으로 영국의 유명한 극작가인 조지 버나드 쇼의 묘비명을 소개하며 이만 줄일게. 재밌지만 섬뜩하고, 섬뜩하지만 미소짓게 만드는 글이야. 죽는 순간까지 그는 작가로서 우리에게 묵직하고도 유쾌한 메시지를 던졌단다. 그 묘비명을 보고 네 마음에 떠오르는 생각과 다짐은 과연 무얼까?

우물쭈물하다 내 이럴 줄 알았지!

나이와 때를 가리지 말고 배워라
배움은 어디에나 있단다

누구로부터든 배울 만한 것이 있다

미루고 미뤘던 운동을 시작했단다.

바쁘고 고된 업무와 잦은 출장으로 몸이 녹초가 되어 계속 미루다가, 의지박약한 모습을 보여주기 싫어 밖으로 뛰어나갔지. 정말 집밖으로 한 발을 내어놓기가 왜 이렇게 힘들던지. 초인적인 의지를 발휘해 시작한 그 운동은 오랜 시간이 흐른 지금까지 이어지고 있어. 덕분에 너에게도 같이 운동을 하자며 솔선수범할 수 있는 기회가 오기도 했고 말이야.

정말 마음 단단히 먹고 운동을 하려고 밖으로 나갔을 때, 아빠는 보았단다. 저마다의 의지를 가지고 나온 수많은 사람들을 말이야. 나 갈까 말까 고민하던 내가 부끄러울 만큼 많은 사람들이 자신을 가꾸려, 건강을 지키려, 목표를 이루려 걷고 뛰고 있었어. 그 사람들을 보며 아빠는 깨달았단다.

'아, 정말 여기저기 배움이 넘쳐나는구나. 내가 태만함을 택할 때, 누군가는 자신을 위해 뛰고 있었구나.'

'삼인행필유아사(三人行必有我師)'

《논어》〈술이〉에서 공자가 한 말이야. '세 사람이 가면 그중 반드시 스승으로 받들 만한 사람이 있다'는 뜻이야. 세계적으로 숫자 '삼(三)'은 철학적인 의미가 깊어. 서양의 삼위일체, 동양의 삼생만물(三生萬物, 하나는 둘을 낳고, 둘은 셋을 낳고, 셋은 만물을 낳는다), 천지인(天地人), 삼사이행(三思而行, 세 번 생각한 뒤 행동으로 옮긴다) 등. 3이라는 숫자는 '모든 것'을 상징해. 즉, 3이라는 숫자로, 가장 적은 수부터 가장 많은 수의 사람들까지, 모든 사람과의 조화 속에 배움이 있다는 걸 강조한 거야.

쉽게 말해 누구로부터든 배울 만한 것이 있다는 뜻이지. 아빠가 힘겹게 집 밖으로 나가, 산책로에 있는 수많은 사람들의 의지를 보고 깨달음을 얻은 것처럼.

좋은 이는 본받고, 그렇지 않은 이는 바꿔라

공자는 '삼인행필유아사' 뒤에 다음의 말을 붙였단다.

'택기선자이종지 기불선자이개지(擇其善者而從之 其不善者而改之)'
그중 스승으로 삼을 만한 사람은 기꺼이 따르고, 그렇지 않은 사람은 학습을 통해 바꿔라.

아빠가 《직장 내공》에서 언급한 내용과 비슷해.

나와 맞지 않거나 이상한 사람은 피하고, 마음 잘 맞는 사람들과만 시간을 보내고 싶은 게 사람의 본능이다. (중략) 싫은 사람에게서도 배울 게 있다. '저 사람처럼 되고 싶다'는 것도 배움이지만, '저 사람처럼 되지 말아야지'도

소중한 배움이다.

—《직장 내공》, 128쪽

올바른 것을 습득하는 것만이 배움은 아니야. 세상엔 별의별 사람들이 다 있거든. 앞에서 말한 세 명의 사람 중 한 명은 배울 게 많고, 또 한 명은 배울 게 없을 수도 있어. 살아가다 보면 아무것도 배울 게 없는 사람과 함께 지내는 경우도 있겠지. 또는 그 반대일 수도 있고. 어떨 땐 내가 배운 걸 알려줘야 하기도 해. 하지만 그럼에도 배움은 어디에나 있다는 생각은 꼭 부여잡고 있길 바란다. 그래야 네가 어떠한 사람과 있든지 배움을 얻고 성장할 수 있어.

배움은 어디에나 있다

고백하자면, 아빠도 그 말을 잘 실천하지 못했어.

무언가 배울 것이 있다고 생각한 사람으로부터는 그것을 얻으려 노력했지만, 그렇지 못한 사람은 그저 나무라거나 불평만 했거든. 하지만 어느 날, 아빠도 내가 싫어하거나 배울 것이 없다고 생각한 사람의 행동을 그대로 하는 걸 보며 화들짝 놀란 때가 있었어. 다른 사람의 부족한 모습을 통해 배우려 하지 않고 그저 불평만 하면, 스스로를 돌아보지 못하게 되고 어느샌가 나 또한 무의식중에 부족한 행동들을 할 수 있어. 살아가는 동안 배움을 좀 더 얻으려면 다음과 같은 자세를 취해야 한단다.

첫째, 배움은 어디에나 있다고 생각해라

사람이 있다면 배움은 항상 어디에나 있다고 생각하렴.

나 자신도 사람이니 나 홀로 있더라도 스스로 배울 게 있겠지. 즉, '의미'를 찾고자 주위를 둘러보기만 하면 배움은 어디에나 있어. 아빠는 그렇게 생각해. 우리 인생은 마치 신이 우리에게 내어준 '숨은 그림(의미) 찾기' 같다고. 우리는 숨어 있는 의미를 찾으며 살아가는 게 아닐까? 의미는 주변에 널려 있는데 우리가 그저 지나치는 게 아닐까? 좀 더 자세히 보면 전에 보지 못했던 게 보이며 동공이 확 열리는 것처럼, 미처 깨닫지 못했던 의미를 주변에서 발견하면 우리의 마음과 생각이 확 열릴 거라 믿어.

둘째, 나이와 때를 가리지 마라

아빠는 너로부터도 많이 배운단다. 아빠보다 나이가 어린 다른 사람들한테서도, 그리고 앞에서 언급한 것처럼 배울 것이 없다고 생각한 사람들을 만났을 때도 마찬가지야. 배움엔 나이와 때가 없다고 생각해.

탈무드에 이런 말이 나와.

나는 스승에게서 많은 것을 배웠고, 친구에게서 많이 배웠고, 심지어 제자들에게서도 많이 배웠다.

나이가 많다고, 오래 살았다고 누군가를 일방적으로 가르치려 하는 건 정말 지양해야 해. 시대가 바뀌었어. 나이는 '나일리지(나이+마일리지)'가 아니야. 경험과 실익을 중시하는 지금의 시대엔 더더욱 나이와 때를 가려선 안 된단다. 그것을 항상 명심하렴. 나이 어린 후배에게 초면에 함부로 말을 놓거나 무언가를 충고하지 않으려 조심하고. 그렇게 상대를 존중할 때 오히려 내가 배우는 게 많으니까.

셋째, 눈과 귀, 머리와 마음, 몸과 영혼을 열어 배울 태세를 갖춰라

배움을 위해서는 오감을 열어야 해.

의미와 배움은 알아서 나에게 다가와주는 것이 아니라, 내가 능동적으로 나아가고 발견해야 하는 것이거든. 원효대사의 해골물 일화를 잘 알지? 깨달음은 누가 주는 게 아니라, 내 마음속으로부터 일어나는 것이야. 매일 반복되는 일상에서도 무엇을 어떻게 보고, 받아들이고, 생각하느냐에 따라 우리는 많은 것을 발견하고 깨달을 수 있어.

심리학에는 지각심리학과 인지심리학이 있다고 했지? 심리학은 사람의 오감으로 세상을 받아들이는 과정(지각)과 그것을 어떻게 해석하는지(인지)를 연구해. 지각과 인지를 통해 사람은 어떻게 반응하고 행동할지를 결정하거든. 반응과 행동을 내가 결정한다는 건 삶의 의미와 그로부터 오는 배움 역시 내가 선택할 수 있다는 얘기야. 양질의 배움을 거듭할수록 우리는 더 좋은 삶을 구성해나갈 수 있지 않을까 싶어. 아니, 분명 그럴 거라고 아빠는 믿는다.

배움은 어디에나 있단다.

배우려는 마음이 있다면. 그러다 보면 어느샌가 많은 사람들이 너를 배우려 할 거야. 그런 사람이 되렴.

그렇게 되더라도 겸허해야 한다는 건 잊지 말고.

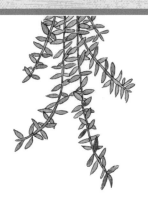

<4부>

지혜에 대하여

일상을 성장의 반복적 기회로 삼아라
나만의 일상을 만들고 소중히 해야 하는 이유

오늘, 너의 일상은 어땠니?

오늘 하루, 크게 기억에 남는 일이 없을 수도 있어.

일상 속엔 희로애락이 모두 있지만, 그것이 반복되다 보면 우리는 그것을 특별하게 받아들이지 않고 금세 잊어버리고 말거든. 때로는 '일상은 지겨운 것'이라는 공식 아닌 공식을 만들어버리기도 해. 익숙함이 주는 편안함 때문일까? 일상의 가장 큰 속성은 바로 '소중함'인데 우리는 그것을 등한시하는 경우가 많단다.

어쩌면 사람들은, 또 우리는 그래서 여행을 떠나는지 몰라. '여행을 간다'는 말과 '일상을 잠시 떠난다'는 말은 그 의미가 같거든. 홀홀 털어버리고 어디론가 떠나고 싶은 욕구는 만족스럽지 못한 일상에 기인할 거야. 내가 원하는 대로 살지 못하고 있다는 생각, 모든 게 엉커버린 것 같은 느낌, 잘하지 못할 거라는 불안감 등은 언제나 우리의 일상에 도사리고 있거든. 하지만 결국 우리가 돌아올 곳은 일상이란다. 다시 일상으로 돌아와 깊숙이 자리한 부정적인 감정을 이겨낼 때, 우리는 우리가 원하는 삶에 조금 더 가까워질 수 있다는 걸 꼭 명심했으면 해.

아빠가 젊었을 때 교통사고가 난 적이 있었어.

책임을 져야 할 일도 있었고, 아빠가 실수로 행한 일에 대한 모든 것을 수습하기에 바빴지. 그때 정말 절실히 바랐어. '아, 일상으로 돌아가고 싶다'라고. 정말로 모든 게 다르게 느껴졌어. 아침에 일어나 기계적으로 양치하고 세수하고, 툴툴거리며 학교를 가거나 똑같은 반찬에 밥을 먹는 그 모든 일상이 얼마나 소중한지 알게 된 거야. 모든 일을 잘 마무리하고 다시 맞이한 일상은 정말로 새로웠단다. 살아가다 언제든 일상이 지겨워지면, 아빠는 그때의 깨달음을 떠올리곤 해.

일상을 만들어내야 하는 이유

일상은 '만들어지는 것'일까, 아니면 '만들어내는 것'일까? 결론부터 이야기하면 둘 다야. 살아가기 위해 우리는 무심결에 똑같은 행동이나 상황을 반복하게 돼. 예를 들어, 밥을 먹거나 학교를 가는 것처럼. 반면에 우리는 일상을 만들어낼 수도 있어. 건강해지기 위해 운동을 하거나 책을 읽거나 글을 쓰는 등 의지가 반영된 행동으로 말이야.

세계적인 작가 무라카미 하루키는 이러한 만들어내는 일상을 '루틴(routine)'이라고 표현했어.

소설을 쓰기 위해 글을 쓰는 동안, 나는 새벽 4시에 일어나서 5~6시간 동안 일한다. 오후에는 10km 달리기를 하거나 1,500m 수영을 한다. (또는 두 가지 모두를 한다.) 그리고는 약간 독서를 하고 음악을 듣는다. 오후 9시면 잠자리에 든다. 나는 매일 이런 루틴을 어김없이 지킨다. 반복 그 자체가 중요하다. (중략) 그 같은 반복을 6개월~1년씩 오랫동안 유지하려면 정신적, 육체적으로 충분히 강해야 한다.

―무라카미 하루키, 존 레이와의 인터뷰에서

그래, 그렇게 우리는 자기 자신을 위한 일상을 만들어내야 해. 그 속엔 아마도 우리가 해야 하는 일과 하고 싶은 일 모두가 담겨 있을 거야. 예를 들어, 어학 실력이 필요하다면 관련된 공부를 하는 일상을 만들어야 하고 체력이 달리거나 살을 빼야 한다면 운동이라는 일상을 만들어야 하겠지.

일상의 매력은 '반복'에 있단다.

그 반복이 지겨움이 되느냐, 생활의 활력소가 되느냐는 온전히 우리에게 달려 있어. 즉, '일상은 지겨운 반복'이라는 공식을 만들지, '일상은 성장할 수 있는 반복적인 기회'라는 공식을 만들지는 우리가 일상을 어떻게 대하느냐에 달려 있지 않을까?

일상이 곧 유토피아

유토피아라는 말을 들어봤을 거야. 말 그대로 이상향, 누구나 가고 싶어 하는 곳이지. 일상을 떠나 우리는 그 어느 유토피아에 도달하는 꿈을 꾸곤 해. 내 맘대로 되지 않는 일상은 그 욕망을 더욱더 부추기거든.

'유토피아(utopia)'는 영국의 사상가 토마스 모어가 1516년에 만들어낸 말로, 그의 라틴어 저서 《유토피아》에서 유래했단다. 유토피아의 뜻을 한번 살펴보자. 그리스어의 'ou(없다)'와 'topos(장소)'를 조합한 말이 바로 유토피아인데, 이는 '어디에도 없는 장소', 즉 '현실에는 결코 존재하지 않는 이상적인 사회'를 말해.

틸틸과 미틸 남매가 파랑새를 찾아 헤매는 벨기에 동화 《파랑새》를 기억하지? 크리스마스 전날 밤에 파랑새를 찾는 꿈을 꾸다가 문득 깨어나 자신들이 기르던 새가 바로 그 파랑새였음을 깨닫는 이야기 말이야. 그래, 유토피아는 어쩌면 우리 일상 속에 있을지 몰라. 아니, 분명 그럴 거야. 우리가 만들어낸 일상 한 조각 한 조각이 우리에게 살고 싶은 삶을 향해 앞으로 나아갈 수 있는 힘을 줄 거라 믿거든!

일상을 소중히 생각해야 한단다.

그리고 나만의 일상을 만들어낼 줄도 알아야 하고.

이 여행 또한 지나가리라
순간을 오롯이 즐기되,
영원하지 않음을 잊지 말자

"기분이 어때?"

"좋아요!"

"행복하니?"

"네!"

어느 섬 속의 섬. 전기 오토바이를 운전하며 내가 물었을 때, 헬멧을 쓰고 뒤에 앉아 지나가는 풍경들을 요리조리 살피던 네가 대답했지. 그래, 나도 행복했단다. 뜨겁지만, 그래서 더 푸른 바다와 습한데도 불어오는 그 자체로 기분 좋은 바람. 드넓게 펼쳐진 바다와 하늘을 그저 바라보며 '저기 저 많은 빌딩 중에 왜 내 것 하나 없을까' 하고 푸념하던 그간의 비뚤어진 마음이 교정되는 것 같았어. 여행은 그렇게 일상에서 한발짝 떨어져 새로운 풍경을 보고 스스로를 돌아보는 큰 즐거움이자 행복이야.

하지만 여행은 참 아이러니하단다. 일상이 고단해 떠나지만, 그곳 또한 결국 누군가의 일상이지. 그리고 여행의 시작에서 새로운 것들을 보며 "우와~!" 하던 경탄들은, 이내 새롭지 않은 것이 되고 어느새 우리에게도 일상이 되고 말아. 여행이 우리를 새롭게 하거나 구원하는 것이 아니야. 그것을 온전히 즐겨야 하는 우리가 우리 스스로를 치켜세울 수 있는 거야.

여행의 중반 즈음, 우리는 다시 집을 그리워하잖아. 아무리 좋은 숙소도, 먹거리도 소용없잖아. 결국 우리는 집을 떠나 낯선 곳에 잠시 머무는 이방인에 불과한 걸. 마침내 집에 도착해선 지루했던 일상의 익숙함에 안도하는 우리. 고단한 하루를 보내고 다시 모여 저녁밥을 먹는 평범한 일상이 여행지에선 그렇게 그리워지는 법이야.

'이 또한 지나가리라'라는 말이 있어.

대개 어려운 일이 있거나, 힘든 일을 겪을 때 쓰는 말이란다. 이 말이 주는 위안은 생각보다 커. 당장은 큰 불행인 것 같아도, 지나고서 돌아보면 걱정하고 괴로워했던 것보단 괜찮은 일이 많거든. 아마 너도 성장해가면서 많은 어려움들을 맞이할 때마다, 이 마법 주문 같은 말을 되뇌면서 이겨내게 될 거야.

그런데 아빠는 이 말이 꼭 좋지 않은 일을 이겨낼 때만 쓰는 건 아니란 생각이 들어. 반대의 경우도 있는 거지. 즉, 행복하고 즐거운 시간도 결국엔 지나간다는 거야. 그걸 알아차려야 해. 실제로 '이 또한 지나가리라'라는 말이 생겨난 여러 가지 설 중 하나는 지난날의 영광을 잊지 않기 위해 만들어졌다는 거야. 자만에 대한 경고와, 좌절에 대한 격려를 동시에 하면서.

어느 날 이스라엘의 다윗 왕이 반지 세공사를 불러 "날 위한 반지를 만들되, 거기에 내가 큰 전쟁에서 이겨 환호할 때도 교만하지 않게 하며, 내가 큰 절망에 빠져 낙심할 때 좌절하지 않고 스스로 새로운 용기와 희망을 얻을 수 있는 글귀를 새겨 넣어라!"라고 지시하였다. 이에 반지 세공사는 아름다운 반지를 만들었으나, 빈 공간에 새겨 넣을 글귀로 몇 날 며칠을 고민하다가 현명하기로 소문난 왕자 솔로몬에게 간곡히 도움을 청한다. 그때 솔로몬 왕자가 알려준 글귀가 바로, '이것 또한 지나가리라'였다. 이 글귀를 적어 넣어 왕에게 바치자, 다윗 왕은 흡족해하고 큰 상을 내렸다고 한다.

인생은 여행과 같다고들 해.

맞는 말 같아. 왜 태어났는지, 왜 살아가야 하는지 모르는 우리가 그 의미를 찾는 여행을 하고 있는 게 아닐까? 우리는 인생이라는 각자의 여행 중에 만난 사람들인 거야. 그렇게 가족이라는 이름으로 모였고, 그 가족이 또 여행을 온 거지. 어때? 재밌으면서도 신기하지 않니?

우리의 이 행복한 여행 또한 지나가고 말 거야. 그러니 우리는 여행하는 지금 이 순간을 오롯이 즐기되, 즐거움에 취해 있지만 말고 다시 돌아갈 일상에서 쓸 에너지로 삼아야 해. 어려운 일이 있을 때에는 '이 또한 지나가리라'라는 말만을 되뇌며 회피하기보단 '이 순간을 어떻게 잘 이겨내고 해결할까'를 생각하며 온전히 그 어려움을 맞이해야 해. 행복한 일이든, 어려운 일이든 그 모든 순간에 우리 자신이 속해 있는 거니까. 좋지 않은 기억을 지우고 싶다고 해서, 자신마저 지워버리는 우를 범하면 안 된단다.

지나가기에, 잡을 수 없는 순간이기에 소중하고 아름다운 것들이 참 많은 것 같아. 그러니 오늘 하루도 즐겁게 우리의 여행을 맞이하자. 이 또한 지나갈 것임을 알아차리면서!

살면서 자만하지 말아야 할 것들
자만하다가 넘어졌다면
스스로 일어나 깨우치길

교만은 패망의 선봉

교만은 패망의 선봉이요,

거만한 마음은 넘어짐의 앞잡이니라.

— 〈잠언〉에서

프랑스 식민지의 백성이었으나 프랑스 황제에 등극한 한 남자.

그는 유럽을 정복한 후 그 기세를 몰아 러시아까지 진격하기로 마음먹었단다. 다른 나라 병사들이 1분에 70보를 걸을 때, 120보를 걸을 정도로 진군이 빨랐던 자신의 군대를 보며 매우 흡족해했지. 이런 모든 상황은 그로 하여금 어떤 상황에서 누구와 싸워도 이길 수 있다는 자만을 심어주었어. 그런 그는 원정을 떠날 때 평소보다 철새가 빨리 이동했다는 것, 그에 따라 러시아의 추위가 예년보다 빨리 올 것이라는 예상과 모스크바는 보급품을 현지 조달할 상황이 아니라는 조언을 귓등으로도 듣지 않았지. 그는 결국 전쟁에서 대패하고, 황제의 자리에서 내려와 엘바섬으로 유배되고 말았단다. 바로 "내 사전에 불가능이란 없다"라고 말한 나폴레옹 보나파르트의 이야기야.

그는 스스로 우쭐거리며 뽐냈고, 겸손함을 잃었고, 남을 업신여겼던 거야. 자만과 교만, 그리고 거만에 취해 있었지. 세 단어의 공통점은 바로 '만(慢)'이란 글자가 들어가 있다는 거야. 자신의 마음을 돌아보는 데 게을렀고, 다른 사람의 조언을 귀담아듣는 데 게을렀던 거지. 하지만 가장 무서운 건, 지금 이 글을 보면서 네 마음속에 나는 그렇지 않다고 생각하는 또 다른 자만이 생기는 거야. 한시도 방심하면 안 된단다. 마음의 소리와 다른 이들의 목소리를 귀담아들어야 해.

살아가면서 절대 자만하지 말아야 할 것들

살다 보면 넘어질 때가 있어.

뜻대로 되지 않는 일, 나에게 이러한 일이 왜 일어났을까 고개를 갸우뚱하게 만드는 상황들. 하지만 넘어진 순간부터 일어나기 전까지가 우리 마음을 돌아볼 수 있는 아주 좋은 기회라는 걸 살다 보면 알게 될 거야. 더불어 자신이 걸려 넘어진 돌부리에는 '자만, 교만, 거만'이라는 글자가 새겨져 있음을 보게 될 거고.

그중에서도 자만하지 않도록 가장 경계해야 하는 것들을 이야기하려 해. 아빠가 살아오면서 깨달았고 지금도 자만하지 않으려 노력하는 것들이란다.

첫째, 건강 앞에 자만하지 말자

'건강한 육체는 영혼의 사랑방이며, 아픈 몸은 그 감옥이다'라는 말이 있어.

건강에 대해서는 아무리 강조해도 지나치지 않아. 몸이 약하면 영혼도 마음도 쇠약해질 수 있다는 걸 미리 알아야 해. 자신의 건강에 감사하되, 절대 자만하지는 말길 바라. 매일매일 내 몸 상태를 파악하고, 또 그 소리를 들어야 해. 들숨과 날숨이 제대로 오가는지, 배가 더부룩하여 기분까지 나쁜 건 아닌지 말이야. 운동을 해야 한다는 목소리가 들린다면 지체 없이 나가서 뛰어야 한단다. 많이 걷고, 많이 뛰고. 땀 흘려 움직여야 해. 건강한 육체에 건전한 마음이 깃드니까.

유교엔 '오복(五福)'이라는 게 있어. 인생에서 바람직하다고 여겨지는 다섯 가지의 복을 말한단다. 수(壽), 부(富), 강녕(康寧), 유호덕(攸好德), 고종명(考終命)으로 이루어진 오복은 각각 장수, 물질적 여

유, 몸의 건강, 도덕 지키기, 제 명대로 살다 편안히 죽는 것을 의미해. 이 오복 중 건강과 관련된 것이 세 개(수, 강령, 고종명)나 포함된 건 그만큼 건강이 중요하다는 증거야. 건강 앞에 자만하지 말고 꾸준히 관리해야 함을 기억하렴.

둘째, 내일이라는 시간을 두고 자만하지 말자

아마도 우리가 가장 많이 자만하는 부분은 시간일 거야.

특히 오늘 하지 않은 일을 내일 할 수 있다고 생각하는 건 큰 어리석음이라는 걸 아빠는 평생 겪고 깨달아왔단다. 사실, 지금도 이 부분에서 아주 현명하다고는 할 수가 없어. 오늘을 돌이켜 보건대, 어제 했어야 하는데 오늘로 미룬 일이나 오늘 해야 하는데, 내일로 미루려고 하는 일이 여전히 있거든. 어떻게 보면 모든 걸 오늘 끝낼 수 있다는 생각도 자만일 거야. 하지만 노력이나 시도조차 하지 않고 일을 내일로 미뤄버리는 건 반성해야 할 부분이야.

도대체 우리는 무엇을 근거로 오늘 하지 못한 걸 내일 할 수 있다고 믿으며 미루는 걸까?

심리학 연구에 따르면 너무 완벽하게 하려는 마음, 학습된 무기력, 불안에 따른 동기 결여, 상황에 압도당함 등이 원인이라고 하는구나. 즉, 완벽하게 하려는 마음에 시도를 하지 않거나, '내가 그렇지 뭐' 하며 반복해서 실망하는 경우, 불안함에 아무것도 하지 못하는 경우가 많다는 얘기야. 지금 내가 하지 못하는 것에 대한 욕구불만을 '내일'이라는 '기회 요소'로 전이시키고 현재의 불편한 마음을 해소하려고 하는 것이 사람의 본능이거든. 이 또한 자신의 마음을 지키려는 방어기제지만, 내일 또다시 이러한 일이 반복될 경우엔 더 크게 마음을 다치게 될지도 몰라. 그러니 내일이라는 시간이 있다는 것에 자만하지 말아야 한단다.

오늘 해야 할 일은 오늘 해야 해. 운동을 하기로 했다면 단 5분이라도 뛰어야 하고, 공부를 하기로 했다면 잠시라도 책상 앞에 앉아야 해. 절대, 오늘 하지 못한 일을 내일 할 순 없단다.

셋째, 젊음을 자만하지 말자

너희 젊음이 너희 노력으로 얻은 상이 아니듯, 내 늙음도 내 잘못으로 받은 벌이 아니다.

— 영화 〈은교〉에서

젊음에 대해 이야기할 때, 아빠 이 대사를 떠올리곤 한단다. 얼마나 직설적이고 뾰족한 말이니. 젊음을 자만하지 말아야 한다는 데 더이상의 설명이 필요 없을 정도야.

언젠간 너도 나이가 든단다. 젊음은 시간이라는 빛을 타고 속절없이 흘러가거든. 하루하루가 다르게 느껴지는 날이 올 거야. 몸도 마음도 예전과, 아니 어제와 같지 않은 그날이. 역설적이게도 그래서 젊음은 찬란하고 소중하단다. 지금 너는 별 이유없이 웃는 일이 많지. 바로 그것이 네가 가진, 네 또래의 친구들이 가진 가장 큰 매력이자 축복이란다.

한편 젊음은 인생의 어느 기간을 말하는 게 아니라 마음가짐의 상태를 말하기도 해. 몸은 늙어도 마음은 젊을 수 있다는 것이 어쩌면 사람에게 주어지는 작은 위로가 아닐까 싶다. 그러니 그 젊음을 만끽했으면 해.

다만 젊음을 자만하여 치기 어린 행동을 하거나, 몸이 젊다고 꼭 마음까지 젊을 것이란 착각은 하지 않도록 항상 자신을 돌아보길 바라고.

자만에 둘러싸인 사람은 자신이 그러한 줄 모른단다.

살아가다 가끔은 나폴레옹의 이야기를 떠올렸으면 해. 내가 나폴레옹이었더라도 어쩌면 그랬을 거란 생각이 들어. 유럽을 제패한 황제가 할 수 없을 것 같은 일이 뭐가 있었을까? 하지만 역사는 우리에게 나폴레옹이 패배했음을 알려주었고, 절대 자만하지 말라는 교훈을 주고 있어.

'불가능은 없다'는 말은 용기가 필요할 때 사용하렴. 자신을 내세울 때, 다른 사람의 이야기나 내면에서 오는 목소리를 무시하며 자만을 부채질할 때 쓰지 말고.

나도 누군가에겐 '다름'이고 '틀림'이란다
상대를 재단하기보다는 스스로를 돌아보렴

'다름'과 '틀림'에 대하여

아빠는 상대방이 말할 때, '다름'과 '틀림'을 구분하여 사용하는지 유심히 보는 편이야. 두 단어의 적절한 사용에 관심이 많거든. '다름' 과 '틀림'은 그 뜻이 확연히 같지 않은데, '틀림'으로 통용하는 경우가 있기 때문이야. 예를 들어, 사과와 배는 '틀리다'고 말하는 사람들이 생각보다 많아. 사과와 배는 '다른 것'이거든. 그 둘은 틀리고 말고 할 성질의 것이 아니란다. 한두 번 실수는 아빠도 가끔 하지만, 그저 다 른 것을 '틀리다'고 말하는 사람들은 꽤 꾸준해.

우리 사회는 다름을 용인하는 데 인색해. 시대가 변하고 세대와 문화가 많이 바뀌면서 나아지고 있다고는 하지만 한국인의 집단을 우선하는 무의식은 쉽게 변하지 않아. 예로부터 침략에 자주 노출되었던 우리나라의 운명은 사람들을 결집하게 했고, 그것이 '집단주의'를 이루게 한 요인이 되었어. 우리는 외세에 집단으로 대항하며 살아남았고, 품앗이를 하며 서로 도왔단다. 그러면서 '개인주의'는 상대적으로 악으로 받아들여졌어. 주류와 다르면 이상한 것, 무례한 것, 틀린 것으로 생각하게 된 거야.

지금 시대는 '집단주의'라는 피를 물려받아 태어났지만 '개인주의' 시대에 발을 디딘, 과도기인 것 같아. 그 둘이 어설프게 얽히고설켜 사회 계층 간은 물론 세대 간의 충돌도 많이 만들어내고 있어.

어찌 되었건, '다름'과 '틀림'을 적절하게 사용하는지 주의를 기울이고 유심히 보는 이유는 두 단어를 제대로 사용하지 않는 사람이라면 '다른 것'을 '틀리게' 볼 가능성이 높기 때문이야. 다른 것을 틀리게 보기 시작하면 갈등은 증폭돼.

우리는 싫든 좋든 사회 속에서 살아가고, 너 역시 계속 '집단'에 속하게 될 거야.

혼자서는 살아갈 수 없거든. 일을 할 수도 없고 말이야. 그럼에도 각 개인을 존중하고 상대방을 배려하며 지내야 한단다. 사회 안에서 '다름'과 '틀림'을 구분하지 못하는 사람이 많으면 주변 사람들이 힘들어지는 건 물론이고 그 사회 자체가 혼란스러워져. 아빠는 너희가 그런 사람이 되지 않았으면 하는 바람으로 이 글을 쓰고 있는 거야.

나와 다른 사람을 틀리다고 규정하는 사람은, 자신 역시 다른 사람과 다르다는 것을 부정하거나 모르기 마련이야. 내 생각엔 대부분 그것을 모르는 쪽인 것 같아. 부정하는 쪽이라면, '다름'과 '틀림'의 차이를 알면서도 일부러 '틀리다'라는 말을 사용하는 사람일 테고, 나쁜 의도를 가졌을 가능성이 높아. 하지만 아빠는 그 차이를 모르고 사용하는 사람이 더 무서운 사람이라고 생각한단다. 스스로 알지 못하면서 무의식적으로 다른 것은 틀리다고 말하며, 상대를 그렇게 규정해 버릴 수 있으니까. 그 어떤 설명이나 논리도 통하지 않을 것이기 때문에.

그런데 문득, 아빠 또한 '다름'과 '틀림'을 구분하지 않는 사람들을 '틀리다'고 규정짓고 있는 건 아닐까 하는 생각이 들어. 그들은 나와 표현을 다르게 한 것뿐인데, 내가 무조건 그들은 틀렸다고 말하고 있는 건 아닐까 하고 말이야. 또한 때로는 정말 달라서 틀린 경우도 있어. 다르다는 것이 '개성'을 표방할 수도 있겠지만, 그것이 누군가에게 피해를 주게 된다면 그 '다름'은 결국 틀린 것이 될 테니까.

아빠는 네가 당장, 사용하는 단어를 가지고 누군가를 재단하기보단 스스로 '다름'과 '틀림'을 잘 구분하고 있는지 돌아봤으면 해. 내가 누군가와 다를 수도 있고, 틀릴 수도 있으니. 꼭 명심하렴. 불필요한 갈등을 일으키거나, 다른 사람들을 쉽사리 판단하는 오만을 범하지 않도록. 그래서 삶을 더욱 지혜롭게 바라볼 수 있도록!

'하고 싶은 일'을 하며 사는 아주 쉬운 방법

'해야 하는 일'과 '하고 싶은 일'은 결코 따로 생각할 것이 아니란다

세상일은 두 가지로 나눌 수 있어

세상엔 크게 두 가지 일이 있단다. 바로 '해야 하는 일'과 '하고 싶은 일'이야.

이 두 가지는 아마도 네가 평생 고민할 진지하고 진득한 주제일 거야. 아빠가 쓴 《직장 내공》에서도 이 부분을 상세하게 다루었던 것 기억하지?

많은 사람이 '해야 하는 일'과 '하고 싶은 일'을 이분법적으로 받아들이는 경향이 짙다.

정말 그럴까? 해야 하는 일을 하며 살면 불행한 삶이고, 하고 싶은 일을 하며 살면 무조건 행복한 삶일까? 단언컨대, 그렇지 않다. 그 둘은 상호 보완적인 역할을 한다. 그것도 아주 격하게. 그리고 시너지 효과를 내며 '성장'이라는 선물을 안겨준다.

—《직장 내공》에서

예를 하나 들어볼게. 가장 하고 싶은 일이 책을 내는 것인 사람에게 가장 힘들고 하기 싫은 일이 글쓰기일 수 있어. 그렇게 하고 싶은 일은 해야 하는 일이 되기도 하고, 해야 하는 일을 하다가 하고 싶은 일을 찾기도 하는 묘하고도 역동적인 삶을 우리는 살고 있는 거야. 그리고 해야 하는 일을 하면서 더 많은 성장을 하게 된다는 걸 깨닫게 돼. 그 일은 익숙지 않은 경우가 많은데, 그것을 해내야 우리는 성취라는 달콤한 열매를 맛볼 수 있어.

두 가지 중 하나를 골라야 한다면
어떤 것을 택해야 할까?

아빠가 강연을 하며 많은 사람들에게 질문하는 게 있어. 그게 무엇일 것 같아? 한번 곰곰이 생각해보렴. 바로 '하고 싶은 일과 해야 하는 일, 그중 단 하나를 골라야 한다면 무엇을 고르겠는가?'란다.

정답은 분명 있어. 바로 '돈이 되는 일'이야! 그것을 먼저 해야 해. 우선 먹고살아야 하거든. 먹고사는 일의 고단함과 고귀함은 하고 싶은 일과 해야 하는 일의 담론을 능가하고 말아. 그리고 돈이 되는 일은 '해야 하는 일'인 경우가 많지. 그리고 그 일에 충실하다 보면 결국 그 과정에서 그 두 종류의 일이 시너지를 내면서 '먹고사는 일'과 '자아실현'을 모두 충족시킬 수 있어.

부끄럽지만, 아빠도 글을 쓰기 전까진 무엇을 하고 싶은지도 모르고 살아왔어. 하지만 지금은 해야 하는 일, 즉 직장생활을 하며 얻은 경험을 많은 사람들에게 나누어주면서 하고 싶은 일을 하고 있어. 아빠의 사례는 아주 작은 것에 불과할 거야. 자신의 꿈을 이루는 동시에 수많은 사람들에게 희망과 좋은 영향력을 끼치는 사람들을 봐. 네가 좋아하는 아이돌 가수, 유명한 유튜버, 초라하게 시작했지만 세계 경제를 주름잡는 아마존이나 알리바바 창업주 등. 그들 모두 하고 싶은 일을 하기 위해 피땀을 흘려가며 해야 하는 일을 해낸 사람들이 란 걸 잊지 말아야 한단다.

하고 싶은 일을 하며 사는 아주 쉬운 방법

한 가지 재밌는 사실을 이야기해줄게. 사실 우리는 하고 싶은 일을 아주 쉽게 하며 살 수 있단다. 해야 하는 일을 충족시키면서 말이지.

한번 이렇게 해봤어. 우선 해야 하는 일을 종이에 쭉 써본 거야. 거기엔 회사 업무도 있고, 어학 공부도 있고, 운동도 있고, 글쓰기도 있고, 너와 함께 시간을 보내기도 있었지. 세금 내기, 욕실 수도꼭지 고치기 등 소소한 것까지 모두 적어 내려갔더니 정말 많더라. 당장 시작하기엔 엄두가 나지 않는 일도 꽤 있었어. 보기만 해도 한숨이 날 정도로!

그런데 맨 위에 쓴 제목을 '해야 하는 일'에서 '하고 싶은 일'로 바꾸어봤어. 나는 그 자리에 앉아 피식 웃고 말았어. 정말로 그 일들이 하고 싶은 일들로 보이기 시작한 거야. 산적한 회사 업무를 처리해 마음을 가볍게 하고 싶다는 생각, 영어를 좀 더 잘하고 싶다는 바람, 살을 빼고 예전에 입었던 옷을 마음껏 입고 싶다는 욕구가 샘솟는 것 같았어. 뿐만 아니라 글쓰기, 너와 시간 보내기, 세금을 내거나 욕실 수도꼭지를 고치는 것까지 모두 결국 내 맘을 편하게 하기 위해 해야 하는 일이지만 그것은 곧 하고 싶은 일이기도 하다는 걸 깨닫게 된 거지.

그 방법의 효과는 생각보다 크단다. 지금 당장, 종이에 '해야 하는 일'을 쭉 써보렴. 그리고 제목을 '하고 싶은 일'로 바꾸어봐. 그러면 아빠가 경험한 작은 기적을 너도 경험하게 될 거야. 하고 싶은 일을 마음껏 하며 살게 되는 그 순간을.

'해야 하는 일'과 '하고 싶은 일'은 결코 따로 생각할 것이 아니란다. 너는 이것을 아빠보다 좀 더 빨리 깨닫고 무슨 일을 할 때 기꺼운 마음을 가질 수 있기를 바라.

하지 못하고 죽어도 괜찮은 일만 내일로 미뤄라
내일로 미루어도 좋은 것들

내일은 없다고 생각하고 살아라

"내일은 없다고 생각하고 살아라. 오늘이 내일이다."

철강왕 카네기가 한 말이야. 오늘의 소중함을 알려주는 말이지. 오늘 해야 할 일을 내일로 미루지 말라는, 더 나아가 오늘 최선을 다하지 않으면 안 된다는 강력한 메시지이기도 해.

아빠도 이 말에 동의해. 그리고 웬만해선 지금 이 순간, 오늘의 일에 최선을 다하려고 노력해. 어렵더라도 말이야. 그것을 통해 이루어낼 수 있는 것들이 얼마나 많은지를 깨달으면서.

내일로 미루어도 좋은 것들

하지만 내일로 미루어도 좋은 것들이 있어.

이제 소개하려고 하는 그것을 미루면, 오늘의 소중함을 온전히 느낄 수 있고 우리 삶이 더 윤택해지고 나아질 수 있지. 미루면 미룰수록 더 현명해지고, 내 몸과 마음, 정신과 영혼을 지켜낼 수 있기도 해.

첫째, 과식과 야식 그리고 폭식

한밤중에 찾아오는 허기.

그걸 온전히 참아낼 수 있는 사람이 얼마나 될까? 자정 무렵 떠오르는 라면이나 치킨, 족발 같은 야식의 유혹을 이겨내기는 정말 쉽지 않아. 물론 젊은 날에 그것을 즐기는 것은 일종의 특권이란다. 많이 먹어도 살이 찌지 않고, 신체적 성장과 활동을 위해 끝없이 열량을 보충해야 하는 나이니까.

하지만 나이가 들면 자기도 모르게 어느샌가 달라지게 돼. 욕구는 그대로 남아 있지만, 신체적으로 소화시키지 못하는 때가 와. 속은 더부룩하고, 체중은 제한 없이 늘어나며, 급기야 건강에 이상이 생기는 때. 먹을 때에는 즐겁지만 먹고 나서는 후회가 되거나 급격히 우울해지는 때. 유혹을 참지 못한 자신을 탓하며 마음까지 다치게 될 땐 정말 힘들어지지.

아빠 체중이 갑자기 20kg 정도 불어난 적이 있어.

스트레스 때문이었지. 회사에서 힘든 일이 너무 많았거든. 사람은 스트레스를 받으면 코르티솔이라는 호르몬이 분비되는데, 이게 단 것을 먹고 싶은 욕망과 식욕을 급격히 끌어올린다고 해. 하지만 당분이 많은 음식은 혈당을 급격히 올리고, 그러면 인슐린이 대량으로 분비되어 저혈당과 허기 때문에 금세 다시 단 것을 찾게 되는 '혈당 롤링 현상'이 발생해. 악순환의 시작인 거지.

아빠가 그 악순환에 빠졌고 정신을 차렸을 땐 이미 엄청나게 체중이 불어난 후였어. 정말이지 행복하지 않았단다. 숨쉬기가 힘들고, 얼굴엔 웃음기가 사라지고, 무엇보다 자신감이 없어졌어. 이러다가는 나 자신도 나를 사랑하지 못할 것 같아서 다이어트를 결심했어. 그리고 스쿼시를 시작해서는 3개월 만에 불어났던 만큼을 고스란히 빼버렸지.

다이어트를 하면서 아빠는 이렇게 생각했어. '지금 먹고 싶은 건 내일 먹자!' 즉, 무언가 마구 먹고 싶은 욕구가 들 때 그 일을 내일로 미룬 거야. 예를 들어, 저녁 이후에 삼겹살이 먹고 싶을 때에는 내일 아침에 먹자는 생각으로 행복하게(?) 잠들었던 것 같아. 하지만 아침에 일어나면 거짓말같이 그 식욕이 사라지고 없었어.(물론, 정말 새벽에 일어나 삼겹살을 구워 먹은 적도 있긴 해!) 식욕을 내일로 미루어 몸이 가벼워졌던 경험, 그래서 되찾은 건강은 아빠에게 큰 배움이었단다. 무엇보다 마음을 다시 안정시키고 나 자신을 사랑할 수 있게 되어서 좋았어.

둘째, 남에 대한 상대적인 부러움

영화 예고편만을 보고 그 영화가 재미있다, 혹은 재미없다고 판단하지는 않지? 예고편은 본 편에서 눈길을 끌 만한 부분만을 모아 놓은 거지. 하지만 그것만 보고 영화를 봤다고 할 수는 없잖아.

내 눈에 비친 다른 사람의 모습도 영화 예고편과 같아. 우리는 각자의 삶에서는 주인공이라서 본 편을 훤하게 알지만, 다른 사람들의 삶은 그가 보여주는 모습만을 볼 뿐, 자기의 것만큼 자세히 알기는 어려우니까.

SNS를 보면 여행을 가고, 맛있는 것 먹고, 사랑을 하고 또 사랑받고, 자기 공간을 잘 꾸미고, 외모를 멋스럽게 가꾸고…. 즐거운 모습들이 가득하지? 그런 모습들을 보다 보면 다들 나보다 즐겁고 여유있게 사는 것 같아서 부럽고 때론 허탈하기도 해. 여기엔 우리들의 착각이 개입하게 되어 있지. 다른 사람들은 '모두'가 '매일' 저렇게 살고 있구나 하는 착각. 이 또한 그들 삶의 특별한 모습들만을 모아놓은 예고편일 뿐, 본 편이 어떤지는 알 수 없는데도 말이야.

반면, 자신의 삶은 지루하고 긴 영화처럼 느끼지. 비슷한 장면이 반복되는, 의미를 알 수 없는 영화처럼. 하루하루가 무료하고, 특별할 것 없는 일상이 지겹다고 느낄 때가 많잖아.

하지만 마찬가지로 우리의 삶도 누군가에게 흥미진진한 예고편으로 보여지고, 부러움을 살 수도 있어. 내가 누군가를 부러워했던 것처럼. '부러움'이라는 것은 결국 '상대적'인 것, 즉 타인과의 비교를 통해서 오는 감정이거든.

나의 일상을, 나만의 스토리를 소중히 생각해야 한단다. 내 일상의 농도가 진할수록, 다양한 경험을 할수록 나의 삶이라는 영화는 좀 더 재미있고 의미 있어질 거니까. 자료가 많을수록 영화는 더 멋진 영상과 줄거리를 가지고, 더 흥미로운 예고편을 만들어낼 수 있는 것처럼!

절대 다른 사람과 자신을 비교하여 부러움으로 소중한 오늘을 놓치거나 망쳐선 안 돼. 혹시 누군가에게 느끼는 상대적인 부러움에 허탈함을 느꼈다면, 그 감정은 내일로 미루자. 내일 부러워해도 되고, 내일 허탈해해도 된단다.

그것을 미루되, 오늘 나에게 주어진 것들에 감사하면서 꿋꿋하게 오늘의 이야기를 이어나가야 해.

셋째, 나를 향한 자괴감

살다 보면 내가 미울 때가 있단다. 나의 부족한 모습, 어두운 모습 등을 마주할 때.

심리학자 칼 융은 이러한 측면을 '그림자'라고 표현했어. 빛 아래 서면 그림자가 생기는 것처럼 우리는 또 다른 면이나 어두운 부분을 가지고 있다는 거지.

그리고 융은 우리가 무엇을 싫어하고 적대시라거나 혐오할 때, 그것은 내 안에 있는 것이라 했어. 이것을 '투사'라고 해. 내가 가진 그림자를 다른 사람에게서 볼 때, 그것을 본능적으로 더 싫어하게 되는 마음이 있다는 거야. 그래서 융은 '타인에 대한 공격은 나를 향한 공격이다'라고까지 말했어.

하지만 그림자는 나라는 사람에게서 아무리 떼어내려 해도 떼어낼 수가 없는 존재임을 잘 알 거야. 늘 나의 일부인 그림자, 우리는 그것으로부터 절대 자유로워질 수 없어. 그림자 역시 또 다른 나라고 받아들이는 것이 우리네 인생에서의 과제거든. 그래야 우리는 심리적으로 건강해질 수 있단다. 나의 못난 모습, 나도 몰랐던 낯선 모습

을 받아들이고, 선한 사람이 되고자 하는 마음이 있더라도 한편에는 더럽고 나쁜 것 그리고 추악하고 혐오스러운 생각이나 모습이 있을 수 있다는 걸 인정해야 해. 그것을 두고 자괴감으로 나를 괴롭힐 필요는 없단다.

자괴감은 내일로 미루어도 돼. 내가 미울 때, 나를 비난하고 싶을 때가 있겠지만, 내가 그러한 생각이나 행동을 한 데에는 분명 이유가 있을 거야. 그러니 자괴감은 내일로 미루고, 자신에게 물어봐주렴. 왜 그랬는지, 왜 그런 실수를 했는지, 왜 나답지 않은 생각을 했는지, 왜 나만을 먼저 생각했는지 등. 그리고 마음이 하는 대답을 찬찬히 들어줘.

"하지 못하고 죽어도 괜찮은 일만 내일로 미뤄라."

유명한 화가인 파블로 피카소는 이렇게 말했어. 오늘을 소중히 하라는 카네기의 말과 비슷하지만, 하지 못하거나 하지 않아도 되는 일도 있다는 뜻이 더해져 있음을 알 수 있어. 그러니 아빠가 앞서 이야기한 세 가지는 흔쾌히 내일로 미뤄도 돼.

사람이 어떻게 완벽하게 오늘의 일을 다 끝낼 수 있겠니. 건강하지 않은 식습관, 타인을 향한 상대적인 부러움, 자신을 향한 자괴감에는 충분히 게을러도 된단다.

그것들은 그냥 내일로 미루자. 그래도 괜찮아!

에
필
로
그

사랑하는 아들에게

너의 탯줄을 잘랐을 때. 비로소 아빠는 아이에서 어른으로, 남자에서 아빠로 다시 태어났음을 실감했어.

인생은 결국 역할극이란다. 사회적인 가면을 쓰고, 세상이 원하는 역할에 맞추어 살아가야 해. 그러는 과정이 쉽지는 않아. 그 가면이 나에게 잘 맞으면 더할 나위 없이 세상 사는 게 행복하지만, 그렇지 않은 경우가 더 많거든. 그러나 다행히도 '아빠'라는 가면, 즉 그 역할은 바라고 바라왔던 일이었기에 정말로 행복했단다. 그래서 너에게 항상 고마워. 네가 없었다면 아빠는 꿈을 이루지 못했을 테니까.

한 가지 걱정되었던 건, 내가 그 역할을 잘 해낼 수 있을까 하는 불안이었어.

처음 맡아보는 역할. 되돌릴 수 없는 배역. 마치 생방송과 같이 흘러가는 우리의 삶. 바라고 바라던 일들이 막상 나에게 일어나면 정신을 바짝 차려야 한다는 교훈을 얻었어. 아빠도 아빠가 처음이라 아마도 너에게 많은 실수를 하고, 스스로 만족하지 못하는 순간을 만들었던 것 같아. 그러면서 많이 배웠단다. 더 많이 자책했고.

아버지가 되기는 쉽다.

그러나 아버지답게 살기는 어렵다.

—세링 그래스

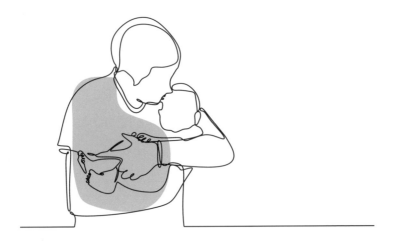

네가 태어나 '아빠'라는 타이틀은 거머쥐었지만, '좋은 아빠'인지에 대해선 여전히 고개를 갸우뚱하곤 해. 이것은 아마도 아빠의 평생고민거리가 되지 않을까 싶어. 물론, (무겁지만) 행복한 고민으로 말이야.

행복한 고민을 선물해준 너에게 주고 싶은, 앞서 이야기한 '위대한 유산'의 목록을 정리해볼게. 네가 힘들고 지칠 때, 아빠가 곁에 있든 없든, 아빠가 해주고 싶은 말은 이 다섯 가지야.

첫째, 세상에서 가장 소중한 것은 너란다

세상에서 가장 소중한 건 무엇일까?

돈? 명예? 가족? 행복? 아니. 가장 중요한 건 네 자신이야. 앞에 열거한 것들은 네가 존재하지 않으면 다 부질없는 것이지. 아빠는 너보다 좀 더 긴 인생을 살아오면서, 세상에서 가장 중요한 건 나 자신이란 걸 마침내 깨달았어. 생각보다 늦게 깨달았지. 우리 사회와 문화는 나 밖에 있는 다른 무언가가 중요하다고 강조하거든. 예를 들어조직이나 공동의 목표, 돈, 여행, 비전, 지식, 가족 등. 하지만 그것들이 너의 삶을 책임져주진 않아. 가족마저도 너의 아픔과 미래, 그리고 인생을 어떻게 해줄 순 없어. 생의 마지막 순간까지, 영혼마저 함께하는 존재는 나 자신이란 걸 잊지 마.

그런데 자신을 사랑하는 것이 생각보단 쉽지 않단다. 완벽하지 않은 모습에 실망하고, 스스로도 용납할 수 없는 실수를 할 때, 누군가와 이별하고 버려진 것 같거나 누군가와 비교되어 자신이 초라해질 때가 있거든. 그럴 땐 내가 나를 파괴하고 싶은 생각까지 들어. 하지만 잊지 마. 그것마저도 내가 나를 너무나 사랑하기에 생겨나는 감정이란 걸.

세상이 나를 힘들게 할 때, 내가 나를 사랑하기가 힘들 땐 이 말을 기억해.

내가 나를 사랑하기 시작하면 세상도 나를 사랑하기 시작한다.

—혜민 스님

둘째, 긍정적인 마음과 냉철한 이성을 동시에 지녀라

아빠는 아빠의 어머니로부터 긍정적인 성격과 생각을 물려받았어.

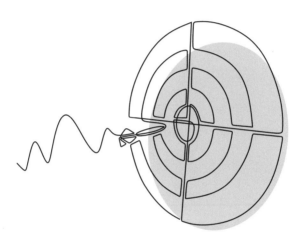

아무것도 없던 내게, 그것은 무언가 가슴 충만한 에너지였지. 덕분에 아빠는 가진 게 없었지만 가슴을 펴고 걸었고, 항상 웃음을 잃지 않았으며 수많은 것들에 도전하고 성취할 수 있었어.

하지만 그러한 긍정적인 생각이 항상 통하지는 않는다는 걸 사회에 나오면서 깨달았어. 가능성을 봐주고 기다려주는 학생 시절을 지나 맞닥뜨린 사회는 당장에 성과를 요구하는 곳이었어. 그런데 그 성과는 제로섬(zero-sum)게임과 같아서 내가 남의 것을 빼앗아야 하거나, 남이 내 것을 빼앗으려 하는 약육강식의 형태를 띠고 있어. 저절로 드러나는 게 좋지만, 직접 드러내야 하는 순간도 필요하고 때론 남보다 앞서 생각하고 행동해야 해. 그러니 마냥 좋아질 거란 긍정적인 생각만으론 세상을 살아가기가 힘들어.

그럴 때 필요한 게 냉철한 이성이야. 그저 잘 되겠지 하는 생각은 낙관의 탈을 쓴 포기야. 아주 무책임한 생각이지. 순간을 회피하려는 주문에 지나지 않아. 마찬가지로 미래를 비관하고 불안해하는 것도 무조건 나쁜 게 아냐. 사람은 본능적으로 생존을 위해 주변을 살피고 미래를 걱정하도록 설계되어 있어. 원시 시대 때, 맹수나 자연재해와 같은 상황에서 살아남은 우리에게 남겨진 집단 무의식인 거지. 그래서 위험이 다가올 때 머리만 땅에 처박고 나아질거라 생각하는 타조와 같이 살면 안 된다고 생각해. 좋지 않은 생각, 거친 현실과 힘든 상황도 받아들이면서 여기에서 살아남기 위해서 나는 무엇을 해야 할까를 냉철하게 고민하고 또 고민해야 해.

그러기 위해선 어려운 상황을 객관적으로 바라봐야 한단다. 내가 나로부터 떨어져서 CCTV로 자신을 보는 것처럼. 메타 인지가 필요한 순간인 거지. 왜 우리가 남의 고민을 들어주다 보면 쉽게 조언을 하게 되잖아? 감정을 배제하고 객관적으로 상황을 맞이하면 마음의 여유가 생겨나. 상황을 객관적으로 정확하게 인지했다면, 그리고 그에 맞는 전략을 정했다면 그 순간부턴 긍정의 힘을 믿고 나아가는 거야!

냉철함이 긍정의 힘을 만날 때. 그것의 시너지는 상상 이상의 결과물을 가져다줄 거란 걸 아빠가 보증할게!

셋째, 배려를 잊지 말아라

'노 룩 패스(no-look pass)'는 스포츠 용어지만, 우리 사회의 고질적인 문제를 보여준 일례를 지칭하는 단어이기도 해. 어떤 정치인이 공항에서 캐리어 가방을 쳐다보지도 않고 굴려 주며 자신의 직원을 하대하는 모습이 카메라에 포착되었는데, 사람들이 이를 보고 '노 룩 패스'라고 풍자했거든. 우리 나라의 '갑질 문화'를 선명하게 보여준 모습이었지.

한국전쟁 이후의 고성장과 우리 사회 특유의 유교문화는 많은 부분 삶에 도움을 주었지만, 그 반대급부도 만만치 않아. 졸부가 되어버린 사람, 앞뒤 안 재고 자기보다 가지지 못한 사람이나 어린 사람을 하대하는 사람 등 자기가 잘못하는 줄도 모르고 살아가는 사람이 너무 많아. 앞서 너 자신이 세상에서 가장 소중하다고 했지? 그렇다면 다른 사람들도 그 자신에게는 아주 귀하고 소중한 사람들이야. 내가 대우받고 싶은 만큼 다른 사람을 대우하는 게 당연한 거지. 우리 나라의 갑질 문화는 결국 사람에 대한 배려가 결여된 데에서 나오는 거란다.

아빠는 다른 사람에게 배려 없이 함부로 대하는 건 스스로의 영혼을 갉아먹는 행위라고 생각해.

하지만 갑질을 일삼는 사람이 잘 사는 것을 볼 때면 안타까워져. 그럴수록 승승장구하고 더 많은 재산을 모아가는 모습을 보며 신을 원망할 때도 있었어. 하지만 그러한 생각마저 나 자신에겐 도움이 되지 않아. 다른 이를 배려하고 소중한 사람으로서 인정하고 존중하며 살아가는 게 자신에게 도움이 돼. 물론, 나와 잘 맞지 않거나 나를 괴롭히는 사람에게도 그러한 마음을 갖는다는 건 쉽지 않은 일이지. 하지만 그러려고 노력하다 보면, 그 과정에서 정말 말로 형용할 수 없는 위대한 가치와 의미를 알게 될 거야.

넷째, 행복은 순간임을 인정해라

사람은 누구나 행복을 추구한단다.

'행복이 무엇일까'라는 질문에 대한 답은 잠시 뒤로 할게. 행복의 가치는 정의할 수도 없고, 절대적이면서도 상대적이며 상대적이면서도 절대적이기 때문에. 하지만 너도 행복하다는 생각이 들 때가 분명 있을 거야. 그럼 된단다. 행복이 무엇인지 굳이 정의하지 않아도 느낄 수 있다면, 알아차릴 수 있다면 그걸로 충분해.

하지만 동시에 행복은 순간임을 인정해야 한단다. '지금'이라는 순간을 인식할 때, 이미 그 시간은 지나간 것이 되듯이, '행복'도 우리가 느끼는 순간, 이미 우리를 지나쳐 가. 그래서 사람들은 그 행복을 좀 더 누리려고, 아니면 그것을 다시 느끼려고 아등바등해. 그것이 얼마나 어리석은 생각인지, 스스로를 힘들게 하는 일인지는 살아가면서 조금씩 깨닫는단다. 중독과 미련, 어리석은 결정과 스스로도 이해할 수 없는 많은 행동과 다짐들이 모두 행복이 순간임을 인정하지 못하여 생겨나는 것들이란 걸.

고대 그리스 철학자 헤라클레이토스는 "우리는 같은 강물에 두 번 발을 담글 수 없다"고 말했어. 강물은 끊임없이 흘러가기에 우리가 같은 물에 다시 발을 담글 수 없는 것처럼, 거기에 발을 담그며 느끼는 나의 감정 역시 절대 그 이전에 느낀 것과 같을 수 없고, 이후에도 느낄 수 없는 거지. 행복도 마찬가지야. 지금 느낀 이 순간의 행복은 다시 돌아올 수 없으니 그저 그것을 오롯이 즐기고, 다음에 있을 행복을 위해 묵묵히 나아가면 돼.

우리, 그렇게 같이 계속 행복하자!

마지막으로, 돈에 관심을 가져라

돈은 우리가 살아가는 데 아주 소중하단다.

이건 굳이 설명하지 않아도 알거야. 하지만 그것이 왜 중요한지, 왜 많이 가져야 하고, 그것으로 무엇을 할 수 있고, 어떻게 벌고 써야 하는지는 매 순간 고민해야 할 숙제야.

예전엔 돈보다는 사람의 생각과 마음이 더 중요하단 인식이 있었어. 하지만 시대가 바뀌었지. '곳간에서 인심 나온다'라는 말이 있어. 돈이 있어야 마음의 여유가 생기고 마음의 여유가 있어야 인심을 쓸 수 있다는 거지. 맞아, 사실이야. 아빠는 이 말에 100% 동의해.

행복이란 기본적인 삶의 토대가 갖춰졌을 때 필 수 있는 꽃이야. 당장 배가 고파 굶어 죽을 상황이라면 행복을 느끼기가 거의 불가능해. 셀 수 없을 만큼 많은 돈이 행복을 보장하거나 배가시켜주는 것은 아니지만, 행복을 추구하기 위해선 기본적인 생활을 할 수 있는 돈이 있어야 해. 우리 가족이 사는 집, 학교생활, 직장생활, 즐거운 가족여행 등은 모두 아빠와 엄마가 일한 대가로 얻은 돈으로 가능한 일이야.

그러니 돈의 가치를 인정하고 추구하렴. 돈에 대한 맹신은 금물이지만 가치는 인정해야 해. 그리고 돈이 어떻게 생겨나서 어디로 흐르는지를 볼 줄 알아야 해. 사람들이 일을 하는 이유가 무엇인지, 내가 사는 제품이나 물건, 서비스들이 왜 생겨났는지, 그리고 왜 사람들이 돈에 울고 웃는지도.

찰스 디킨스의 소설 《위대한 유산》을 한번 읽어보렴. 막대한 유산을 받게 된 주인공 핍은 진심을 가진 사람들을 부끄러워하지만, 그 막대한 유산이 끝내 무산되었을 때 삶에서 진정으로 중요한 것이 무엇인지를 깨닫게 된단다. 그것이 찰스 디킨스가 말하고 싶은 '위대한 유산'이라는 걸, 아빠도 너에게 꼭 알려주고 싶어.

아빠는 요즘 세상을 인정하기에, 너에게 어느 정도의 물질적 유산을 물려주려 노력하고 또 노력할 거야. 하지만 아빠가 말한 '위대한 유산'에 좀 더 신경을 써주렴. 그것이 너의 마음과 머리, 영혼과 몸에 새겨져서 어렵고 험한 세상을 살아가는 데 큰 도움이 되었으면 좋겠어. 그리고 그럴 거라 믿는다. 나의 아이니까.

아, 그리고 덧붙이자면, 아빠가 주려고 하는 '위대한 유산'에는 증여세나 상속세가 없단다!